생성 AI의 생산성 혁명과 롱테일 2.0 경제

인공지능총서

인공지능 시대입니다. 기계가 인간의 인지를 대신하고, 사물이 인간을 통하지 않고 다른 사물과 직접 커뮤니케이션합니다. 이에 따른 인간 삶과 문명 변화를 정확히 이해·예측·대응하는 것은 이 시대 우리 모두의 과제입니다. 인공지능총서는 인공지능 기술과 환경의 여러 주제를 10가지 키워드로 정리합니다. 관련 개념과 이론, 학계와 산업계의 쟁점, 우리 일상의 변화를 다룹니다. 인간과 기술의 현재, 미래를 세심히 분석합니다.

일러두기

- 인명, 작품명, 저서명, 개념어 등은 한글과 함께 괄호 안에 해당 국가의 원어를 병기했습니다.
- 외래어 표기는 현행 어문규정의 외래어표기법을 따랐습니다.

처음이세요?

전문가세요?

생성 AI의 생산성 혁명과 롱테일 2.0 경제

안성민

대한민국, 서울, 커뮤니케이션북스, 2025

생성 AI의 생산성 혁명과 롱테일 2.0 경제

지은이 안성민
펴낸이 박영률

초판 1쇄 펴낸날 2025년 9월 18일

커뮤니케이션북스(주)
출판 등록 2007년 8월 17일 제313-2007-000166호
02880 서울시 성북구 성북로 5-11
전화(02) 7474 001, 팩스(02) 736 5047
commbooks@commbooks.com
www.commbooks.com

ISBN 979-11-430-1047-6 03500

책값은 뒤표지에 표시되어 있습니다.

차례

매일 새로운 길 위의 미아

우리는 모두 미아다. 있는 길을 잃은 것이 아니라, 매일 새롭게 나타나는 길 위를 헤매는 역사상 초유의 미아다. 나도, 당신도 미아다. 우리 모두가 미아이고, 내일, 아니 지금 어떤 길이 만들어지고 있는지 알 수가 없다. 우리가 알 수 없는 새로운 힘, 새로운 지능이 새로운 길을 시시때때로 만들고 있다. 10년 후, 5년 후, 심지어 1년 후도 우리는 예측하기 힘들어졌다. 이제는 어떤 방식으로도 피해 갈 수 없는 새로운 힘, 생성 AI, 그들과 우린 공존해야 한다.

나에게 AI는 전쟁터였고, 지금도 전쟁 중이다. 세계 최초 AI 셋톱박스 프로젝트를 진행했고, 음성 AI 앱(App)인 액션스 온 구글(Actions on Google)을 가장 많이 출시하기도 했다. 음성 AI 선거 운동 서비스도 개발했고, AI 영화 추천 솔루션도 상용화했다. 그리고 협상 도메인(Domain)의 AI 멀티 에이전트(Multi agents) 상용화를 진행하고 있다.

수도 없이 많은 프로젝트에 실패했고, 성공했고, 진행

하고 있고, 새로운 기획을 하고 있다. AI는 애증의 대상이다. 새로운 길 앞에 인류 모두가 미아가 된 지금, 우리는 무엇을 해야 할까? 이것이 이 책을 쓰게 된 질문이다.

나는 AI 개발자가 아니다. 경제학자도 아니다. AI 혁명, 핵폭풍을 겪고 있는 생활인, 경제인, 남편, 아빠 그리고 AI 스타트업의 CEO다. 난 이 혁명이 반갑다. 휘몰아치는 이 변화가 시원하면서도 뜨겁다.

이 작은 책자는 이 혁명 속에서 이 새로운 길에서 살아남고, 번창하기 위해서 밤낮으로 고민한 결과다. 과정이다. 화두다. 선문답이다. 내가 스스로 정한 세상을 바라보는 프레임워크다.

이 혁명 속에서 새로운 기회를 찾아보려는 몸부림이다. 책을 처음 써 보는 나로선 학자, 교수와는 다른 문법으로 쓰고자 한다.

미아는 길을 잃은 아이이기도 하지만 새로운 모험을 떠나는 탐험가이기도 하다.

진정한 4차 산업혁명

우리나라에서 '4차 산업혁명'이라는 용어가 본격적으로 주목받기 시작한 시점은 2016년이다. 이 용어는 같은 해 1월, 세계경제포럼(WEF)에서 클라우스 슈바프(Klaus

Schwab) 회장이 처음 주창했으며, 이후 국내에서도 빠르게 확산되었다.

특히 2017년에는 대통령 직속 기구인 '4차산업혁명위원회'가 발족했고, 이를 중심으로 범부처 차원의 「4차 산업혁명 대응 계획 1.0」이 마련되었다. 이러한 정책적 움직임은 4차 산업혁명 개념이 국가 전략으로 채택되었음을 보여 주었다. 당시 4차 산업혁명의 정의에 대한 많은 논의들이 이루어졌다.

산업혁명을 일으킨 동력을 크게 1차 산업혁명은 증기기관, 2차 산업혁명은 전기, 3차 산업혁명은 정보화로 분류한다. 2017년 당시에는 '그럼 4차 산업혁명이라고 명명할 만한 변화는 무엇인가'라는 질문들이 많았다. 당시에 누구도 정확하게 설명하지 못했다.

그 질문에 대한 대답이 되는 변화는 2022년 11월 챗GPT(Chat GPT)와 함께 시작되었다. 2025년 현재 누구도 의심하지 않는 4차 산업혁명의 중심 동력은 AI가 되었다. 진정한 4차 산업혁명이 시작되었다.

그럼, AI를 증기기관, 전기, 컴퓨터에 상응하는 변화를 불러오는 동력이라고 할 수 있을까?

생성 AI vs 전기

챗GPT 이후 우리는 정말 뜨거운 변화를 겪으며 살았다. 매일매일 새로운 모델이 출시되고, 출시된 모델에 경탄하는 유튜버들의 콘텐츠들이 넘쳐 나고 있다.

생성 AI를 바라보는 여러 시각이 있다. 천문학적 투자 때문에 결국 ROI(Return On Investment)가 나오지 않으리라는 회의도 있고, 세상을 바꾸는 궁극의 기술이라는 시각도 있다. 인간을 노동에서 해방한다는 유토피아 세계관도 있고, 결국 인간을 AI가 지배하게 된다는 반대도 있다.

이 거대 트렌드를 어느 정도의 영향력으로 봐야 하는지 챗GPT와 이야기해 보았다.

나: 전기가 인류사에 미친 영향을 100이라고 하면 생성 AI의 영향력은 얼마일까?

챗GPT: "탁월한 질문입니다. 전기를 기준선 '100'으로 놓고 생성 AI의 영향력을 상대적으로 수치화한다면, 다음과 같은 요소를 고려해 추정할 수 있습니다:

전기의 영향력 = 100

물리적 생활 혁명: 조명, 냉장고, 산업 기계, 도시 인프라까

지 인간의 물리 환경을 근본적으로 바꿈.

에너지 혁명: 증기기관의 한계를 넘은 새로운 에너지 운용 체계 창출.

보편성과 전지성: 전기가 없는 문명은 존재할 수 없음.

생성 AI의 영향력 = 80～150 (범위형 추정)

80: 아직 인프라에 미치지는 못한 영향

생성 AI는 아직 전기처럼 '없으면 삶이 멈추는' 수준은 아니다. 전기는 의식주 전체를 재구성한 반면, 생성 AI는 아직 '지식 노동'과 '디지털 창작'이라는 제한된 영역에 집중돼 있음.

150: 인간 사고와 창조의 패러다임 자체를 바꾼다는 점에서 전기 이상

전기가 인간의 몸(근육, 감각)을 해방했다면, 생성 AI는 인간의 마음(언어, 사고, 창조)을 해방한다. 전기가 뇌가 아닌 손발을 대신했다면, AI는 손발이 아니라 '뇌'의 대체 또는 증강이다.

요약 비유

전기는 인간을 밤에도 걷게 했고, 생성 AI는 인간이 모르면서도 말할 수 있게 했다. 전기는 눈과 손을 열었고, 생성 AI는 입과 머리를 확장했다.

따라서 시점에 따라 다르겠지만, 지금은 약 80～90수준이

고, 2030년경에는 전기를 넘는 120~150에 이를 가능성을 지닌 문명적 전환점입니다.

문명적 전환점임은 분명하다.

생산성, 롱테일

"What the hell are you?" 영화 〈프레데터〉에서 주인공(아널드 슈워제네거 분)이 외계 생명체에게 한 질문이다. 같은 말을 외계 생명체도 주인공에게 해서 유명한 장면이다. 이제 이 질문을 우리는 생성 AI에게 하고 있다. 특히 올해 설날 명절에 전 세계를 발칵 뒤집은 딥시크(Deepseek), 온 세상을 지브리 열풍으로 만든 챗GPT 등, 이제 생성 AI는 바로 우리와 함께 살아가야 하는 존재가 되었다. '정말 누구인지, 누구일지(예측 불가) 모를 존재를 어떻게 바라봐야 할까?' 몽유병에 걸린 환자처럼 미아가 되어 각종 자료를 찾아다니며 '뭔가 키워드가 있지 않을까?' 생각하고 생각한 끝에 찾은 키워드가 "생산성", "롱테일"이다.

인과관계로 보면 생성 AI는 생산성의 놀라운 향상을 가져왔고, 그 놀라운 생산성의 향상이 거의 무한대에 가까운 꼬리(작업, 콘텐츠, 에이전트 등)를 만들 수 있다.

초개인화된 무한대에 가까운 콘텐츠를 만들어 딜리버리할 수 있다. 인터넷은 오프라인 매대의 제한을 없애서 긴 꼬리, 롱테일 현상을 만들었다. AI는 한계 비용이 제로에 가까운 막대한 생산성으로 더욱더 길어진, 심지어 무한대에 가까운 꼬리를 만들었다. 그래서 책의 제목을 "생성 AI의 생산성 혁명과 롱테일 2.0 경제"라고 지었다. 인터넷은 롱테일 1.0, 생성 AI는 롱테일 2.0 혁명을 만들었다. 진정한 롱테일은 이제 시작이다.

참고문헌

크리스 앤더슨(2006). 《롱테일 경제학(The Long Tail: Why the Future of Business is Selling Less of More)》. 랜덤하우스코리아.

클라우스 슈밥(2016). 《제4차 산업혁명(The Fourth Industrial Revolution)》. 메가스터디북스.

Brynjolfsson, E., et al.(2023). Generative AI at Work. https://www.nber.org/papers/w31161

McKinsey & Company(2023.6.14). The economic potential of generative AI: The next productivity frontier. https://www.mckinsey.com/capabilities/mckinsey-digital/our-insights/the-economic-potential-of-generative-ai-the-next-productivity-frontier#/

01
생산성 AI 혁명

생성 AI는 인간보다 2,000배 빠르게 읽고 300배 빠르게 쓰는 능력을 갖추어, 지식 노동의 생산성 혁명을 이끌고 있다. AI와의 협업은 인간의 창의성과 전략적 사고를 강화하며, 인간을 반복 업무에서 해방시켜 새로운 기회를 창출한다. '듀얼 브레인' 개념은 인간과 AI의 공동 지능을 강조하며, AI를 협업 파트너로 활용할 것을 제안한다. 막대한 생산성 혁명 도구가 나타났다.

AI와 1인 창업?

생성 AI, 생산성

생성 AI는 학습한 데이터를 바탕으로 스스로 새로운 콘텐츠를 생성하는 인공지능 기술이다. 생성 AI로 텍스트, 코드, 이미지, 분자, 음악, 오디오, 비디오, 로봇 동작을 학습하고 만들 수 있다. 역사상 처음으로 명령(프롬프팅)만 하면 스스로 생성을 하는 생산성의 혁명이 시작되었다. 생성 AI는 다양한 모달을 이해하고, 여러 도메인에서 엄청난 생산성을 가지고 스스로 생산하는 생산성 혁명의 도구다. 생성 AI라는 명명이 의미하듯 생성 AI는 분석, 추론을 할 뿐만 아니라 멀티 모달의 다양한 양식의 콘텐츠를 만든다. 역사상 처음으로 도구가 직접 생산을 하게 된 것이다. 망치와 톱이 의자를 만들기 시작했다.

인간은 분당 300단어를 읽고, GPT-4는 분당 600,000만 단어를 읽는다. 인간보다 2,000배 빠르게 글을 읽을 수 있다. 인간은 한 시간에 1,000단어를 쓸 수 있지만, GPT-4는 300,000단어를 쓴다. 인간보다 300배 빠르다. 마라토너가 시속 20km라면 최고 수준의 슈퍼카가 시속 400km다. 자동차는 인간보다 최고 20배 빠른데, AI는 인간보다 2,000배 빠르게 읽을 수 있다. 물리적인 세계보다 지능의 세계에서 AI는 더 빠르다.

생성 AI를 실천적으로 어떤 분야에 쓸지에 대한 판단

은 쉽다. '인간보다 2,000배 빠르게 읽고, 인간보다 300배 빠르게 쓰는 도구'를 어떻게 쓸지를 결정하면 된다. 실제로 인간이 할 수 없는 일을 AI는 할 수 있다. 읽기도 어려운 영어 논문을 3분이면 요약해 주고, 딥 서치(Deep Search) 같은 기능을 활용하면 수십 개의 웹페이지를 검토해서 사용자의 요구 사항에 대한 답변을 만들어 준다.

듀얼 브레인(Dual brain)

마셜 매클루언은 저서 《미디어의 이해(Understanding Media)》에서 미디어를 단순한 정보 전달 수단이 아니라 인간의 신체와 감각의 확장으로 정의했다. 그는 다양한 미디어를 인간의 특정 감각이나 신체 부위의 연장으로 설명했다.

자동차: 인간의 발을 확장해 더 빠르고 효율적인 이동을 가능하게 한다.

전화: 음성과 청각의 확장으로, 멀리 떨어진 사람들과의 즉각적인 소통을 가능하게 한다.

의복: 피부의 확장으로, 외부 환경으로부터 신체를 보호하는 역할을 한다.

문자와 인쇄술: 시각의 확장으로, 정보를 저장하고 전달하

는 방식을 혁신적으로 변화시켰다.

마셜 매클루언이 《미디어의 이해》를 출간한 지 60년이 지난 지금 새로운 인간의 확장이 나타났다. 인간을 인간으로 만든 가장 중요한 기관, '뇌의 확장' 생성 AI의 등장이다.

《듀얼 브레인(Co-Intelligence)》은 이코노미스트(The Economist) '2024년 올해의 책'으로 선정된 책이다. 일반적으로 "듀얼 브레인"이란 용어는 두 개의 독립된 지능이나 두 가지 다른 사고 체계가 협력하거나 상호작용해 하나의 공통된 지능을 형성하는 개념을 나타낼 때 쓴다. 따라서 책에서 언급한 "공동 지능(Co-Intelligence)"과 같이 두 개 이상의 지능(예를 들어 인간의 뇌와 생성 AI 같은 인공지능)이 결합해 더욱 뛰어난 성과를 내는 구조를 듀얼 브레인으로 볼 수 있다.

"공동 지능"은 인간과 생성 AI가 상호 보완적인 역할을 수행하며, 독립된 두 개의 브레인이 아니라 하나로 결합한 듀얼 브레인으로 간주할 수 있다. 이러한 관점에서 듀얼 브레인은 인간과 AI의 협업을 통한 지능 증폭 또는 지능의 결합을 설명한다. 듀얼 브레인의 저자인 이선 몰릭은 AI와 협업을 하기 위한 네 가지 원칙을 제시했다.

첫째, 작업할 때 항상 AI를 초대한다. 둘째, 인간이 주요 과정에 계속 개입한다. 셋째, AI를 사람처럼 대하고, 어떤 유형의 사람인지 AI에게 알려 준다. 넷째, 지금의 AI를 앞으로 사용하게 될 최악의 AI라고 생각한다. 결국, 모든 지식 노동을 할 때 인간의 생물학적인 뇌와 인공지능을 듀얼 브레인으로 활용해야 한다는 뜻이다.

생산성과 창의성의 공진화

AI 도구의 확산으로 일의 정의도 달라지고 있다. 반복적이고 규칙적인 업무는 AI에게 맡기고, 인간은 보다 창의적이고 전략적인 일에 집중하는 방향으로 역할이 재편된다. 예컨대 AI는 방대한 데이터를 분석해 통찰을 뽑아주고 초안을 작성해 준다. 그러면 인간은 그 결과를 해석하고 창의적인 아이디어를 덧붙이는 식이다. 이러한 인간과 AI의 협업을 통해 업무 효율과 결과물의 질 모두 향상되는 사례가 늘고 있다. 실제로 AI를 도입한 기업들은 업무 처리 속도 가속과 품질 개선을 함께 보고하고 있다. 생성 AI는 생산성을 높일 뿐 아니라 다각도의 아이디어를 제시함으로써 창의적 발상을 자극하기도 한다.

AI 구루인 박태웅 의장은 생성 AI에 대해 "초급 개발자들은 20% 효율이 올라갔다고 하는 반면, 최고급 개발자들은 20명과 함께 일하는 것 같다고 한다"라는 인터뷰를 공유하기도 했다. 물론 새로운 도구의 등장에는 저항과 우려도 따른다. 기계가 창의성까지 대체할 것인가라는 질문도 있다. 하지만 현재까지의 관찰로는 AI는 창의적 결과물을 내지만, 그 창의성의 방향과 맥락을 부여하는 것은 여전히 인간의 몫이다. AI가 제안한 여러 초안 중 무엇을 선택하고 어떻게 조합해 새로운 아이디어로 발전시킬지 결정하는 것은 인간이다. 생산성 혁명은 인간의 창의성을 무력화하는 대신, 반복 업무의 짐을 덜어 창의성에 더 집중하게 하는 방향으로 전개되고 있다. 모내기는 이앙기에 맡기고, 새로운 농업 전략을 짤 수 있게 되었다.

생산성 혁명

인류 문명에 거대한 변화, 생성 AI가 나타났다. 이젠 누구도 생성 AI와의 (불편한 또는 편리한) 동거를 부정할 수 없다. 생성 AI를 활용해 멀티 모달의 콘텐츠들을 자유자재로 만들어 내고 있다. 또한 생성 AI는 지식 노동자의 보조 도구로 맹활약하고 있으며, 심지어 도구 사용자의 직업도 위협하고 있다. 생성 AI는 똑똑한 챗봇 정도가 아니라 인간의 생산성을 혁명적으로 높인 도구다.

참고문헌

Dellermann, D., et al.(2019). Hybrid Intelligence. *Business & Information Systems Engineering.*

Haase, J. & Pokutta, S.(2024). Human-AI Co-Creativity: Exploring Synergies Across Levels of Creative Collaboration. arXiv:2411.12527.

Mollick, E.(2024). *Co-Intelligence: Living and Working with AI.* Portfolio.

Pyae, A.(2025). The Human-AI Handshake Framework: A Bidirectional Approach to Human-AI Collaboration. arXiv:2502.01493.

Wu, Z., et al.(2021). AI Creativity and the Human-AI Co-creation Model. *Lecture Notes in Computer Science.*

02
롱테일 2.0 경제의 도래

생성 AI는 '존재하지 않던 상품도 바로 만들어 내는' 새로운 롱테일 시대를 열고 있다. 롱테일 1.0이 기존 틈새 상품의 유통 확대였다면, 롱테일 2.0은 AI가 실시간으로 수요에 맞춰 콘텐츠를 생성하는 시대다. 이는 초개인화된 마케팅과 1:1 콘텐츠 생산을 가능하게 해 소상공인이나 스타트업도 콘텐츠, 미디어 사업을 할 수 있는 생산성 혁명을 이끈다.

AI와 MBTI?

롱테일 1.0: 틈새의 시대

2004년 《와이어드(Wired)》 지에 실린 크리스 앤더슨(Chris Anderson)의 글 "롱테일(The Long Tail)"은 인터넷 시대에 틈새(niche) 시장의 중요성을 설파했다. 온라인에서는 오프라인 매장처럼 매대(물리적 공간)의 제약이 없으므로, 과거에 오프라인에는 전시할 수 없어 팔리지 않던 수많은 틈새 상품도 모이면 큰 시장을 이룰 수 있다는 주장이었다. "롱테일(Long Tail)"이라는 명칭은 매출이나 관심도 분포를 그래프로 나타냈을 때, 가장 인기 있는 소수의 상품이나 콘텐츠가 그래프 왼쪽에 '머리(Head)'를 이루고, 나머지 수많은 니치(niche) 상품이나 콘텐츠가 오른쪽으로 길게 늘어선 '꼬리(Tail)'를 형성한다는 데에서 유래한다. 앤더슨은 이러한 롱테일 현상을 가능케 한 세 가지 힘으로 생산 수단의 민주화, 유통의 민주화, 수요-공급 연결 비용의 감소를 꼽았다. 누구나 디지털 콘텐츠를 만들 수 있고, 인터넷을 통해 전 세계에 배포할 수 있으며, 검색과 추천 기술로 소비자가 자기 취향에 맞는 상품을 쉽게 찾을 수 있게 되었다는 의미다. 이로써 소수 히트 상품에 의존하던 기존 경제에서 벗어나 다품종 소량의 틈새 시장들이 부상할 것이라 기대했다. 실제로 이 예측은 맞아떨어졌다. 유튜브, 아마존, 넷플릭스 등은 수많은 사용자 제작 콘텐츠와 장르 영화, 오래된 도서 등 롱테일 콘텐츠를 판매·유통해 성공을 거두었다. 온라인 서점 아마존은 오프라인 서점이었다면 진열되지도 못했을 수많은 책을 판매해, 베스트셀러가 아닌 책들의 매출 총합이 상위 20% 인기 서적 매출을 능가할 수 있음을 입증했다. 음악 스트리밍에서도 이용자들은 과거보다 다양한 아티스트의 노래를 접할 수 있게 되었다. 롱테일 1.0 시대에는 "팔리지 않던 것들도 다 팔리는 세상"이 열린 것이다.

하지만 롱테일 1.0의 결과가 모두 장밋빛이었던 것은 아니다. 시간이 지나자, 온라인 콘텐츠 소비에서 히트작 쏠림 현상이 여전히 강력하게 드러났다. 예를 들어, 스포티파이의 전 수석 이코노미스트 윌 페이지(Will Page)는 스트리밍 음악 소비의 90%가 전체 곡의 2% 미만에 집중된다고 지적한다. 누구나 작품을 발표할 수 있는 시대가 되었지만 정작 대중의 시선은 소수의 인기 콘텐츠에 쏠리는 불평등이 지속되고 있다. 이는 검색 엔진과 소셜 미디어 알고리즘이 "인기 있는 것"을 더 많이 노출하는 메커니즘의 편향 때문이라는 분석이 있다. 결국 롱테일 1.0 경제에서는 틈새들이 성장하긴 했으나, 그 꼬리(long tail)가 기대만큼 굵어지지 못하고 여전히 거대한 머리(head)에 비해 왜소한 모습이 되었다.

다만 긍정적인 면도 있다. 과거에는 아예 시장에 나오지 못했을 많은 창작자와 중소 비즈니스들이 인터넷이라는 무대를 통해 생존과 성취의 기회를 얻은 것이다. 억만장자급 대성공은 소수에게만 돌아갔을지라도, 연간 1억 원 정도를 버는 크리에이터, 소규모 전문 쇼핑몰 운영자 등이 과거보다 많이 늘어난 것은 분명한 변화다.

생성 AI와 롱테일 2.0

롱테일 2.0 시대란 무엇인가? 이는 생성 AI가 촉발하는 경제 구조의 재편을 롱테일 관점에서 바라본 개념이다. 롱테일 1.0이 인터넷과 디지털 기술로 촉발된 틈새 시장 부상의 시대였다면, 롱테일 2.0은 AI 기술로 틈새의 역할과 범위가 한층 확장되는 시대를 의미한다. 핵심 질문은 다음과 같다. 생성 AI는 롱테일 현상을 가속할 것인가, 완전히 다른 양상으로 재편할 것인가?

생성 AI 시대에는 상품과 콘텐츠의 생산과 소비 방식이 근본적으로 변한다. 가장 큰 변화는 공급의 무한화다. 과거 롱테일에서 존재했지만 잘 팔리지 않던 상품들을 발굴해 공급을 늘리는 것이었다. 롱테일 2.0에서는 존재하지 않던 상품도 바로 만들어 공급할 수 있다. 예를 들어 독자가 동서고금의 세계적인 라이벌에 관한 책을 찾고 있다고 치자. 롱테일 1.0에서는 그런 취향의 책이 출판되었는지 찾아봐야 했지만, 롱테일 2.0에서는 맞춤형 콘텐츠를 생산할 수 있다. 즉 소비자의 니즈가 공급을 즉각적으로 창출하는 시대가 온 것이다. 콘텐츠의 주문형 생산(on-demand production)이 현실화한다고 볼 수 있다. 특히 디지털 콘텐츠는 수요가 있는 즉시 생성할 수 있다.

이런 변화는 롱테일 곡선 자체를 바꾸어 놓을 전망이다. 이전까지는 그래프의 꼬리 부분이라도 어디까지나 이미 만들어진 상품들이었다. 이제는 그 꼬리가 실시간으로 연장된다. 소비자의 다양하고 독특한 요구에 맞춰 AI가 새로운 제품이나 콘텐츠를 만들어 내면서, 이론적으로는 무한대에 가까운 상품 다양성이 구현된다. 롱테일 꼬리의 극한적 확장이 일어나는 셈이다. 경제적으로 보면 이는 맞춤형 소량 생산의 규모의 경제라고 부를 수 있다. 1개를 주문하든 100개를 주문하든 AI에게는 별 차이가 없기에, 개인 맞춤 생산도 효율적으로 이루어진다.

한편, 수요 측면에서도 큰 변화가 예상된다. AI 비서와 추천 엔진의 발달로 소비자는 자신도 미처 인지하지 못했던 취향까지 발견할 수 있게 된다. 예를 들어 개인

AI 비서가 사용자 대화를 분석해 "요즘 스트레스가 많으니 잔잔한 재즈 음악을 들으면 좋겠습니다"라고 제안하거나, 이전에 즐겼던 인디영화와 비슷한 분위기의 새 영화를 AI가 찾아 보여 줄 수 있다. 심지어 "당신이 좋아하는 매트릭스와 다층 가상/꿈-세계, 현실 인지 교란, 철학적 질문, 혁신적 VFX, 스타일리시 액션 유사도 등 측면에서 유사도가 92%인 인셉션을 추천합니다"라는 추천이 가능하다. 이는 초개인화된 수요 발굴로 이어진다. 사람들은 더 이상 모두가 보는 인기 차트에만 의존하지 않고, AI의 안내를 통해 각자의 고유한 취향의 숲으로 들어갈 것이다. 그 결과 소비 패턴은 더욱 다변화되고, 수요의 롱테일화가 가속된다.

롱테일 2.0 경제의 또 다른 특징은 공급자와 소비자의 경계 희미화다. 소비자 한 명 한 명이 동시에 생산에도 참여하게 되는 프로슈머(prosumer) 현상이 심화한다. 생성 AI 도구를 활용하면 누구나 자신이 원하는 상품이나 콘텐츠를 직접 만들어 낼 수 있기 때문이다. 이는 전통적인 생산자-소비자 이분법을 허무는 변화다. 예컨대 한 팬이 AI를 이용해 좋아하는 게임의 추가 시나리오를 만들어 내면, 그는 소비자인 동시에 창작자가 된다. 이렇게 개인 맞춤 창작물이 넘쳐 나면, 거대한 히트 상품에 관한 관심은 상대적으로 줄어들 수밖에 없다.

롱테일 2.0 경제의 도래는 아직 진행 중인 현상이지만, 그 징후는 이미 곳곳에서 나타나고 있다. AI 그림 생성기를 통해 각자가 원하는 예술 작품을 뽑아 내고, AI 소설가를 이용해 개인만을 위한 소설을 읽는 사람들이 생겨나고 있다. 기업들도 제품 기획에 AI를 활용해 수요가 극소수에 불과했던 기능을 가진 상품을 소량 생산하는 실험을 하고 있다. 이러한 변화들은 모두 경제의 롱테일화가 새로운 국면에 접어들었음을 시사한다. 롱테일 2.0은 롱테일 1.0의 연장선에 있으면서도, 생성 AI라는 동인에 의해 질적으로 한층 다른 경제 환경을 형성해 갈 것이다.

개인화, 마케팅

우리 회사가 작년부터 국내 굴지의 보험사와 개인화 마케팅 메시지를 만드는 프로젝트를 진행 중이다. 개인의 인구통계학적 프로필(Profile)과 라이프사이클(보험 가입, 재가입, 해지, 보상)에 맞는 메시지를 1:1로 보낸다. 그야말로 초 롱테일 메시지 생성 방식이다. 세분화, 개인화는 마케팅의 오랜 숙제다. 다만 인간의 생산성으로 1:1 초개인화 마케팅을 하기에는 ROI가 담보될 수 없다.

하지만 이젠 이야기가 달라졌다. 인간보다 1,000배 이상 생산성이 높은 카피라이터, 일러스터를 우린 활용할 수 있게 되었다. 이론적으로는 1,000만 고객에게 1,000만 개의 개인화 메시지를 보낼 수 있다. 그것도 매일 그 고객의 관심사에 맞는….

참고문헌

이재영·진범섭(2024). 생성형 인공지능을 활용한 초개인화 마케팅의 자동화 시스템의 효과성 탐색: 향후 방향성과 전략적 시사점. 디지털콘텐츠학회논문지, 25(3), 823~832쪽.

자연인(2024.5.1). 생성 AI 의 경제적 영향. (앤드류 맥아피). 네이버 블로그. https://blog.naver.com/greenmun21/223432963593

한국지능정보사회진흥원(2024.5.29). [IT & Future Strategy 2024-1] 생성AI 시대, 새로운 혁신의 시작과 대응. https://nia.or.kr/site/nia_kor/ex/bbs/View.do?cbIdx=25932&bcIdx=26771

03
AI 롱테일 2.0 경제와 미디어

생성 AI는 콘텐츠 제작, 유통, 소비 전 과정을 혁신하며 CPNT 구조를 재편하고 있다. 미디어는 자동 생성으로 생산성과 개인화가 극대화되고, 플랫폼은 유통자에서 창작 도구로 진화하며, 네트워크는 AI로 스스로 최적화된다. 단말기는 지능형 파트너로 변모해 사용자 경험을 혁신하고 있다.

AI와 난임 극복?

콘텐츠: 제작 패러다임의 전환

미디어 산업은 생성 AI로 인해 콘텐츠 제작의 패러다임 전환을 겪고 있다. 과거에는 사람이 일일이 제작하던 기사, 영상, 음악 등이 이제 AI에 의해 부분적으로 또는 완전히 생성될 수 있게 되었다. 언론사는 단순 소식 기사는 AI로 자동 작성하고, 기자는 심층 취재와 분석에 집중하는 식으로 뉴스 생산 프로세스를 재편하고 있다. AP통신이나 로이터와 같은 해외 언론은 기업 실적 기사나 스포츠 경기 결과 기사 등을 자동화된 알고리즘으로 작성하는 시도를 이미 해 왔다.

이제는 GPT-4 같은 고도화된 언어 모델이 이러한 작업을 훨씬 더 자연스러운 문체로 수행할 수 있게 되었고, 기사뿐 아니라 해설, 심지어 간단한 칼럼까지 AI가 작성하는 단계에 이르렀다. 이러한 흐름에서 핵심은 비용 감소와 생산량 증대다. AI를 활용하면 적은 예산으로도 다수의 콘텐츠를 실험적으로 만들어 볼 수 있고, 초개인화된 콘텐츠를 대량 생산하는 것도 가능해진다. 예를 들어 교육용 동영상에서 각각의 학생 이름을 불러 주는 맞춤 영상을 AI로 생성해 제공한다면 하나의 원본 콘텐츠로 수천만 가지 버전을 만들 수 있을 것이다. 콘텐츠 산업은 AI로 인해 규모의 경제와 범위의 경제를 모두 극대화하는 방향으로 진화하고 있다.

이러한 변화는 기존 창작자들에게 위협이자 기회로 다가온다. 우선 일자리 대체에 대한 불안이 크다. 실제로 2023년 할리우드 작가·배우 조합의 파업에서는 AI에 의한 대본 작성과 배우 이미지 무단 사용이 주요 쟁점이었다. 창작자의 창의적 산물을 데이터로 삼아 AI가 새로운 결과물을 내는 과정에서 저작권과 크레딧에 관한 논의도 활발해지고 있다. 반면 새로운 기회를 보는 시각도 있다. AI와 함께 작업함으로써 창작자는 반복적인 부분을 자동화하고 보다 고차원적인 창의 작업에 집중할 수 있다. 또한 개인 창작자들도 AI 도구를 활용해 전문 스튜디오 못지않은 결과물을 뽑아낼 수 있어 진입 장벽이 낮아지는 효과가 있다. 종합하면, 생성 AI는 콘텐츠 제작 방식에 파괴적 혁신(disruptive innovation)을 일으키고 있으며, 이에 따라 미디어 산업의 생태계도 변화하고 있다. 전통 미디어 기업, 신생 크리에이터, AI 기술 기업 간의 역학 관계가 새로이 형성되는 중이다.

플랫폼과 네트워크: 유통 구조의 재편

CPNT란 디지털 미디어 및 ICT 산업의 가치사슬을 이루는 네 가지 핵심 요소인 콘텐츠(Contents), 플랫폼(Platform), 네트워크(Network), 단말(Terminal)을 합쳐 일컫는 용어다. CPNT에서 P와 N에 해당하는 플랫폼과 네트워크 측면에서도 생성 AI의 영향이 두드러진다. 플랫폼 기업들은 AI를 활용해 사용자 경험을 혁신하고 있다. 동영상 플랫폼의 추천 알고리즘은 AI 덕분에 더욱 정교해져서, 개개인 취향에 꼭 맞는 영상을 끊임없이 공급한다. 틱톡(TikTok)은 AI 기반 추천으로 성공한 플랫폼의 대표 주자다. 이제 플랫폼들은 한발 더 나아가 콘텐츠 생성 기능을 내장하기 시작했다. 인스타그램이나 틱톡에서 사용자가 손쉽게 AI로 필터 효과를 만들거나, 배경음악을 생성하거나, 짧은 글을 자동 작성하도록 지원한다. 즉 플랫폼이 단순 유통을 넘어 창작의 도구를 내장함으로써, 사용자들이 플랫폼 안에서 모든 것을 해결하도록 유도한다. 이로써 플랫폼의 역할은 유통자 겸 공동 제작자의 성격을 띠게 되었다.

네트워크 측면에서는, 통신 인프라와 AI가 결합해 지능형 네트워크로 진화하고 있다. 동영상 스트리밍, 클라우드 게임, AI 서비스 등 대용량 트래픽을 발생시키는 콘텐츠의 증가는 5G/6G 통신망과 데이터 센터 인프라의 수요를 높인다. 통신망 운영자들은 AI를 활용해 트래픽 관리와 최적화를 자동화하고 있다. 예를 들어 AI가 실시간으로 네트워크 병목을 예측해 우회 경로를 마련하거나, 사용자의 서비스 이용 패턴을 학습해 지연 최소화 알고리즘을 조정한다. 또한 엣지 컴퓨팅 환경에서 생성 AI를 활용해 네트워크 경계(단말 측)에 가까운 곳에서 콘텐츠를 생성 · 처리함으로써 전송 부담을 줄이는 시도도 나타난다. 이는 중앙 서버까지 데이터를 보내지 않고도 현장 가까이에서 AI가 필요한 응답을 생성해 주는 방식으로 네트워크 효율을 높인다.

요약하면, 플랫폼과 네트워크 영역에서 생성 AI는 유통 구조의 재편성을 이끌고 있다. 플랫폼은 AI로 더 똑똑해진 디지털 상점이자 창작 실험실이 되고 있고, 네트워크는 AI로 스스로 최적화되는 신경망처럼 변모하고 있다. 이는 CPNT 산업 각 요소의 경계를 흐리게도 한다. 예를 들어 콘텐츠를 잘 유통하던 플랫폼이 이제는 콘텐츠 생산까지 관여하니 콘텐츠 산업으로의 통합이 일어난다. 단말기(스마트폰 등) 제조사들도 자체 AI 칩을 탑재하고 AI 서비스를 번들링해 플랫폼화하고 있다. 결국 미디어 가치사슬의 수직적 통합과 새로운 분업 구조가 동시에 나타나며, 산업 지형이 재구성되는 중이다.

단말과 사용자 경험: 진화하는 인터페이스

마지막으로 CPNT 중 T에 해당하는 단말기와 사용자 경험의 변화를 살펴보자. 스마트폰, 스마트TV, AR/VR 디바이스 등 단말기들은 AI 기능을 핵심 경쟁력으로 탑재하고 있다. 최신 스마트폰 칩에는 신경망 처리 장치(NPU)가 포함되어 있어 기기 내에서 AI 연산을 수행한다. 이를 통해 사진 앱에서 즉석에서 이미지 개선이나 변환을 하거나, 키보드 입력 시 AI가 맥락에 맞는 자동완성을 제안하는 등 온-디바이스 AI기능이 활성화되고 있다. 또한 음성 비서(AI 스피커 등)의 성능이 비약적으로 향상되어 더욱 자연스러운 대화형 인터페이스를 제공한다. 사용자는 화면을 터치하거나 키보드를 치는 대신, 말하거나 이미지로 의도를 전달해 기기를 조종할 수 있게 되었다. 이런 멀티모달 인터페이스의 발전은 인간과 디지털 세계의 상호작용 방식을 근본적으로 바꾸고 있다.

한편 AR(증강현실)과 VR(가상현실) 기기와 생성 AI의 결합도 흥미로운 영역이다. AR 글래스에 생성 AI를 접목하면, 사용자의 현실 세계 위에 AI가 만들어 낸 정보를 실시간으로 겹쳐 보여 줄 수 있다. 길을 걸을 때 눈앞 건물에 대한 설명이나 리뷰를 바로 띄워 준다든지, 사람을 만나면 상대의 공개 프로필 정보를 눈앞에 표시해 주는 식이다. VR에서는 AI가 가상 세계 속 환경과 캐릭터를 실시간 생성해 인터랙티브한 경험을 극대화할 수 있다. 게임에서 플레이어의 행동에 따라 AI가 즉석에서 새로운 퀘스트나 지형을 만들어 내는 식이다. 이는 사용자 경험의 예측 불가능성과 몰입감을 높여 준다. 요컨대 생성 AI는 단말기의 역할을 단순한 정보 출입구에서 지능형 파트너로 격상시키고 있다.

내가 창업했던 2017년 당시만 해도, 음성인식이 곧 인공지능으로 명명되던 시절이었다. 네이버, 카카오, 아마존, 구글이 앞다투어 AI 스피커를 출시했고 국내 통신 3사도 음성인식 기능이 들어간 셋톱박스(Set top box)를 출시했다. 공급자들은 앞다투어 출시를 했지만 결국 시장에서 실패했다. AI 스피커와 대화가 되지 않았다. 음성 IOT, 날씨 검색, 음악 틀기 정도로 용도가 한정되어 캐즘을 넘지 못했다. 그렇게 AI 스피커들은 시장에서 자취를 감추었다. 하지만 최근 생성 AI들을 음성 인터페이스로 사용해 보면 정말 놀랄 만한 경험을 할 수 있다. 생성 AI의 지능이 대화형 인터페이스의 사용자 경험을 증진했다. 앞으로 진정한 AI 스피커 시장이 열릴 것이다.

자동차 운전을 하면서도, 칸트와 러셀의 철학과 워라밸, 퇴계 이황과 율곡 이이의 업적, 매클루언이 살아 있다면 생성 AI를 어떻게 평가할 것인지와 같이 복잡도가 높은 대화를 할 수 있다. AI는 정치, 경제, 사회, 문화, 예술, 역사 등 다방면에 상식이 풍부해서 사용자가 어떤 주제에 관해서 대화를 원해도 충분히 만족할 만한 대화를 할 수 있다. 당장 운전할 때 AI 음성 모드를 사용해 보시라. 심지어 메모리 기능이 있어서 메모리가 허락하는 한 AI는 나와의 대화를 기억하고, 맥락에 맞는 대화를 이어갈 수 있다.

사용자 경험(UX) 측면에서 보면, AI 덕분에 더 개인화되고 자연스러운 경험이 가능해졌다. 예전에는 모든 사용자에게 동일하게 보였던 앱 인터페이스가 이제는 AI에 의해 개인 취향에 맞춰 동적으로 변형될 수 있다. 어떤 사용자에게는 메뉴를 단순하게 보여 주고, 어떤 사용자에게는 상세 정보를 더 노출하는 식이다. 또한 사용자가 요구하기 전에 AI가 선제적으로 필요한 정보를 제시해 주는 예측 UX도 확산하고 있다. 이메일을 열기도 전에 "이 메일은 중요한 약속 변경에 관한 내용입니다"라고 요약을 띄워 주거나, 달력을 열면 "다음 주 이틀간 비어 있는 오후 시간에 회의를 잡을까요?"라고 제안해 주는 식이다. 이러한 경험들은 모두 단말기 속 AI 에이전트가 사용자 데이터를 학습하고 맥락을 이해해서 가능한 일이다.

결국 CPNT 산업 전반에서 생성 AI는 미디어의 생성, 유통, 소비의 모든 단계를 변화시키고 있다. 콘텐츠 제작자가 AI와 협업하고, 플랫폼이 AI로 개인화 서비스를 제공하며, 네트워크가 AI로 최적화되고, 단말기가 AI로 사용자와 교감하는 시대다. 미디어 기업들은 이에 맞춰 조직 구조와 비즈니스 전략을 수정하고 있다. 전통 매스 미디어에서 초개인화 미디어로의 전환, 일방향 전달에서 대화형 서비스로의 전환이 가속화된다. CPNT 각 요소가 따로 존재하지 않고 유기적으로 결합해 AI 시대의 미디어 생태계를 구성해 나가고 있다.

소상공인 자동화 마케팅

"콘텐츠를 만드는 것은 쉽지 않은 일이다." 맞는 말이었지만 이제는 틀린 말이다. 일정 수준의 AI 리터러시가 있다면 멀티 모달(텍스트, 이미지, 음악, 동영상) 컨텐츠를 언제든 만들 수 있다. 생산 도구가 민주화, 민중화되고, 콘텐츠의 생산 비용이 제로에 가까워진 지금 이 파괴적인 기술을 가장 큰 레버리지로 사용할 수 있는 분야가 있다. 바로 소상공인 AI 디지털 마케팅 분야다. 소상공인이 유튜브, 인스타, 틱톡, 네이버 블로그, 클립 등에

업로드할 수 있게 AI가 도와 줄 수 있다. 가까운 시일에 순댓국집, 카페, 펜션의 소상공인들이 계절과 날씨에 맞춰 만든 롱테일 2.0 영상, 노래를 보고 듣게 될 날이 올 것이다.

참고문헌

김말희 외(2024.6.12). 인간을 닮은 인공지능, 멀티모달 인공지능 기술 동향. 주간기술동향.
https://ksp.etri.re.kr/ksp/article/file/68910.pdf

박효목·김기훈(2023.7.15). "AI가 내것 뺏어가" 할리우드 배우-작가, 63년만에 동반파업. 동아일보.
https://www.donga.com/news/Inter/article/all/20230714/120244295/1

04
비트를 만드는 비트, 진정한 디지털의 시작

생성 AI는 '비트가 비트를 만드는' 진정한 디지털 시대를 열었다. 인간 없이도 콘텐츠가 생산되고 유통되는 구조에서, 한계 비용은 제로에 수렴하기에 초개인화가 가능해진다. AI는 자가증식하며 노동의 의미를 바꾸고, 한 사람을 위한 콘텐츠조차 경제적 가치가 된다. 롱테일 2.0은 무한 생산성과 초개인화가 핵심이다.

AI와 사주?

아톰과 비트

"아톰인 에비앙 생수는 크고 무거운 불활성 물체를 많은 비용을 들여 조심스레 천천히 선적한 후 여러 날 동안 수천 마일을 거쳐 전달된다. … 반면에 비트는 책, 잡지, 신문, 비디오카세트처럼 사람이 직접 취급하던 정보가 비트로 변하여 광속으로 전달된다." 네그로폰테의 《디지털이다》에 나오는 이야기다(네그로폰테, 1999). 1995년, 지금부터 30년 전 출간된 책에서 아톰과 비트를 설명하고 디지털로의 전환을 예견했다. 이 책에서 그는 비디오테이프 대여점이었던 넷플릭스가 아톰에서 비트로 사업을 변경한 오늘을 예측했다.

이제 생성 AI 시대는 진정한 디지털, 비트의 시대다. 생성 AI의 모든 도구들은 비트로 구성되어 있고, 비트를 생성한다. 이전 시대에는 인간(아톰)이 비트를 만들었다. 이제 생성 AI 시대는 비트가 비트를 만드는 세상이다. "비트가 비트를 만든다." 생성 AI 시대를 한마디로 표현하면 이처럼 표현할 수 있다. 여기서 비트(bit)는 디지털 정보의 최소 단위다. 이제까지 인간은 수많은 아날로그 정보를 디지털 비트로 변환해 저장하고 전달해 왔다. 새로운 비트를 만들어 내는 주체는 인간(아톰)이었다. 예를 들어 문학 작품이든 음악이든, 인간의 머릿속

아이디어를 디지털 비트의 나열로 옮겨 적은 것이었다. 이제 생성 AI의 등장으로 디지털 세계가 스스로 새로운 비트를 생성하기 시작했다. 이는 마치 생명체의 자기 복제처럼, 디지털 정보가 디지털 정보를 낳는 자가증식의 시대가 열렸음을 뜻한다.

이러한 변화는 진정한 디지털 경제의 시작으로 볼 수 있다. 과거 디지털 경제란 생산물은 아날로그(현실 재화)일지라도 거래와 서비스가 디지털로 이루어지는 것을 의미하곤 했다. 하지만 생성 AI는 생산물 자체도 생산수단도 디지털인 경제다. 유튜브 영상, 전자책, MP3 음악처럼 이전에도 디지털 상품은 있었지만, 그것을 만들기 위한 창작 노동은 아날로그 인간의 시간이 필요했다. 이제는 AI가 창작까지 담당하니, 처음부터 끝까지 디지털 환경에서 상품이 만들어지고 소비된다. 예를 들어 AI가 새로운 소프트웨어 코드를 작성하면, 이는 디지털이 디지털을 만든 직접적인 사례다. 생산 과정에 인간의 손이 닿지 않은 채로 디지털 자산이 창출되고 유통되는 세상이 열린 것이다.

이런 맥락에서 "진정한 디지털의 시작"이라는 표현이 나온다. 과거에는 "디지털"이라는 말 뒤에 언제나 아날로그 그림자가 있었다. 디지털 기기로 촬영한 사진은 현실 세계의 모습을 담은 것이었고, 디지털로 거래되는 상품도 결국 현실의 제품 배송이나 현실 서비스의 이행으로 이어졌다. 그러나 생성 AI가 만들어 내는 비트 세계의 창조물은 처음부터 현실에 대응하는 원본이 없다. 가상 세계가 독자적으로 돌아가기 시작한 것이다. 이는 메타버스, VR 등의 개념과도 연결된다. 메타버스 안에서 AI NPC(Non-Player Character)들이 스스로 대화를 생성하고 퀘스트를 만들어 낸다면, 인간 플레이어가 없어도 그 세계는 일정 수준 유지될 수 있다. 한발 더 나아가 AI 에이전트들이 인간을 위해 새로운 상품과 서비스를 개발하고 제공한다면, 경제 활동 자체도 디지털 영역에서 자체적으로 일어날 수 있다. 이러한 가능성은 아직 초기 단계이지만, 방향성은 분명하다. 디지털 세계의 자율성이 커지고 있으며, 비트들만으로 구성된 생태계가 성장하고 있다.

비용 제로의 생산과 풍요의 역설

생성 AI가 가져온 한 가지 혁명적 변화는 콘텐츠 생산 비용의 극한적 하락이다. 전통적인 경제에서는 상품 하나를 더 생산하려면 추가 비용(재료, 노동 등)이 들었다. 그러나 디지털 상품은 복제 비용이 제로에 가깝다. 더 나아가 이제는 창작 비용마저 제로에 수렴하는 국면이 나타난다. AI를 이용하면 소설 한 편, 그림 한 장을 추가로 만들어 내는 데 들어가는 인간 노동이 거의 없다. 컴퓨터 연산 비용과 전력 정도가 들 뿐이다. 요컨대 한계 비용 제로 사회가 도래하는 것이다. 경제학자들은 정보재의 이 같은 특성이 시장을 크게 바꿀 것으로 오래전부터 예상해 왔다. 하지만 인간의 노동이 필요하다는 점이 마지막 남은 비용 요소였다. 생성 AI는 바로 그 부분을 공략해 완전한 복제+창작의 무한 증식 체제를 가능케 한다.

이러한 생산 비용 제로에 가까운 환경에서, 경제학의 기본 원리인 희소성의 법칙이 도전받는다. 공급이 무한대로 늘어난다면 전통적으로 가격은 0으로 수렴한다. 실제로 인터넷 시대에 음악, 뉴스 등이 무료화되거나 매우 저렴해진 현상을 우리는 겪었다. 이제 AI가 만들 수 있는 콘텐츠는 넘쳐 나는데 그 가치는 어떻게 결정될까? 여기서 풍요의 역설이 나타난다. 모든 것이 풍족해지면 정작 진짜 귀한 것은 다른 데서 나오기 마련이다. AI가 그림을 무한히 그려 줄 수 있게 되면, 인간이 그린 진짜 그림의 가치가 오히려 더 올라갈 수도 있다. 또는 동일한 그림이라도"내 취향을 완벽히 저격하는 그림"처럼 나에게 맞춤화된 경험이 새로운 가치 척도가 될 수 있다. 아무리 좋은 콘텐츠도 나에게 맞지 않으면 소용없으니, 풍요 속에서는 초개인화 서비스가 가치를 지닌다.

또한 품질의 문제가 있다. AI가 양산하는 콘텐츠의 평균 품질은 인간 기준으로 볼 때 엇비슷하거나 높은 편일지 몰라도, 그 진정성이나 독창성 측면에서 회의적인 시선도 있다. 예를 들어 AI가 유명 화가의 화풍을 모방한 그림을 수백만 장 만들어 낼 수 있지만, 그중 진정한 걸작은 과연 몇이나 될까? 품질 관리에 인간의 역할이 필요하다는 주장이 나온다. 이는 오히려 감독과 선별의 비용을 증가시킬 수도 있다. 누구나 글을 쓸 수 있게 된 시대에 좋은 글을 찾는 일이 어려워진 것처럼, AI 시대에는 알고리즘 생성물의 범람 속에서 보석을 찾는 일이 새로운 도전이 된다. 그래서 등장하는 것이 프롬프트 엔지니어링이나 큐레이션 서비스다. AI에게 "좋은 것"을 만들어 내도록 지시하는 기술, 그리고 만들어진 것 중 쓸 만한 것을 골라 주는 서비스가 부상할 수 있다.

비용 제로의 세계에서 인간이 부가가치를 창출하는 방식은, 역설적으로 의미 부여와 맥락 창출이 된다. AI가 아무리 많은 결과물을 내놔도, 그중 의미 있는 것을 선택해 맥락 속에 배치하는 일은 인간 고유의 영역일 가능성이 크다. 예컨대 AI 작곡 툴을 이용해 누구나 음악을 만들 수 있지만, 그것을 듣는 사람들이 감동하게 하려면 음악을 발표하는 맥락, 즉 스토리가 중요해질 수 있다. 롱테일 2.0에서 가장 중요한 맥락은 개인화다. 내가 아들을 위해 만든 '논산 훈련소를 마치고 KTA(KATUSA Training Academy)로 가는 21살 아들의 이름이 들어간 응원 노래'는 유니크하다. 청자가 단 한 명이기 때문에 이 노래는 맥락, 사연 그리고 가치가 있다. 단 한 명을 위해 세상에 존재하는 단 한 개의 음악이기 때문에 더욱더 가치가 있다.

기술적 특이점과 인간의 역할

비트를 만드는 비트의 시대는 흔히 기술적 특이점(Technological Singularity)의 전초 단계로도 언급된다. 특이점이란 AI가 인간의 지능을 뛰어넘는 순간을 가리키는 개념으로, 자기 자신을 개선하는 AI, 즉 AI가 더 똑똑한 AI를 만들고 그 AI가 또 더 똑똑한 AI를 만드는 폭발적 성장 국면을 상정한다. 현재 생성 AI는 스스로를 완전히 개량하는 수준은 아니지만, 일부 자기 개선의 조짐을 보인다. 예를 들어 코드를 작성하는 AI가 자기 코드를 점검하고 성능을 향상하는 피드백을 줄 수도 있고, 차세대 AI 모델 개발에 AI가 도움을 줄 수도 있다. 인간 연구자들이 새로운 AI모델을 설계할 때 AI의 도움을 받아 설계한다면, 이는 AI가 AI 개발을 가속하는 형태다. 이러한 과정이 쌓이면 언젠가 AI가 스스로 다음 세대 AI를 설계하는 단계에 도달할 가능성도 배제할 수 없다. 즉 비트가 비트를 만들 뿐 아니라, 비트를 만드는 비트(생성 AI 툴)를 비트가 만드는 세상이다.

다만 기술적 특이점에 대해서는 다양한 견해가 존재한다. 어떤 이는 불가피하다고 보고, 어떤 이는 아예 실현 불가능한 신화로 치부한다. 이 책의 맥락에서 중요한 것은, 생성 AI의 자기증식적 성격이 경제 구조에 미치는 영향이다. AI의 자기 생산 능력이 향상될수록 AGI(Artificial General Intelligence)의 탄생은 불가피하다.

노동의 의미부터 가치 창출의 주체까지 재정의가 필요하다. 인간이 직접 일해서 가치를 만드는 대신, 자본과 AI가 결합한 시스템이 가치를 만들어 내고 인간은 그 시스템을 소유하거나 이용해 간접적으로 소득을 얻는 구조가 될 수 있다. 이는 현재의 자본주의에서 자본의 역할이 훨씬 증대되고 노동의 역할은 축소되는 시나리오일 수 있다.

반대로, AI가 매우 저렴하게 가치를 생산해 내므로 기본소득 등 새로운 분배 정책이 도입되어 인간은 창작이나 여가에 집중하게 되는 유토피아적 시나리오도 있다. 어느 쪽이든 인간의 역할은 지금과 달라질 것이다. 비트가 비트를 만드는 세상에서 인간은 방향을 제시하는 존재로 남을 것인지, 아니면 AI 시스템 속 변수로 전락할 것인지 기로에 서 있다.

결론적으로, 생성 AI는 디지털 시대의 본격적인 2막을 열었다. 비트가 스스로 증식하고, 무한한 디지털 풍요 속에서 새로운 가치의 기준이 모색되는 시대다. 이러한 변화는 기존 경제 이론과 사회철학에도 도전을 제기한다. 우리에게 남은 질문은 이것이다. "무한 복제와 무한 창조가 가능한 세계에서 무엇이 진짜 중요한가?" 이 장을 통해 독자들이 스스로 답을 찾는 실마리를 얻길 바란다. 롱테일 2.0 경제에서는 단 한 사람을 위한 시, 노래, 이미지, 영상이어도 충분하다. 막대한 생산성이 무한대에 가까운 세분화에 타당성을 부과한다. 디지털의 무한 복제는 롱테일 1.0 경제이고 생성 AI의 무한 창작은 롱테일 2.0 경제의 특징이다.

나만의 공룡 노래

2025년 5월 3일부터 5일까지 해남에서는 제3회 공룡 대축제가 개최되었다. 우리 회사는 해남문화관광진흥재단으로부터 부스를 배정받아 아이들이 AI로 자신의 이름과 사진, 공룡의 이름과 사진이 들어간 공룡 노래와 영상을 만들 수 있게 했다. 아이들이 생애 처음 AI를 접하는 순간에 우리 회사가 함께했다. 모달별로 최적화된 AI 모델을 AI가 선택해 제작하는 방식이었다.

200명이 넘는 사용자들이 이용했고, 그중 60% 이상이 만든 영상을 카카오톡 등 SNS에 공유했다. 내 이름이 들어간 노래와 영상은 이 세상에 단 한 개밖에 없는 콘텐츠다. 1억 명이 좋아하는 음악도 가치가 있지만, 단 한 사람을 위한 음악도 그와는 다른 가치가 있다. 롱테일 2.0 경제가 가져온 질문이다. "한 사람을 위한 콘텐츠가 최고 아닌가?"

참고문헌

네그로폰테(1999). 《디지털이다》. 커뮤니케이션북스.

해남시대(2025.5.15). 공룡 대축제서 인기 끈 AI '공룡 송' 서비스. https://www.haenamsidae.kr/news/articleView.html?idxno=2076

05
롱테일의 세 가지 동인

생성 AI는 롱테일 경제의 3대 축인 생산, 유통, 수요-공급 연결을 혁신하고 있다. 누구나 전문가 수준의 콘텐츠를 만들 수 있고, AI가 수요에 맞춰 실시간 공급을 자동화하며, 초개인화된 유통이 가능해졌다. 세분화된 롱테일 2.0 검색 에이전트는 사용자 대신 작업을 수행하며, 경제의 효율성과 세분화를 극대화하고 있다.

AI와 아이돌?

생산 수단의 민주화 2.0

크리스 앤더슨이 롱테일 현상을 가능케 한 첫째 요인으로 꼽았던 생산 수단의 민주화는 생성 AI를 만나 2.0 단계로 진화하고 있다. 생산 수단의 민주화 1.0이 도구의 민주화로, PC, 디지털카메라, 인터넷 등으로 누구나 콘텐츠를 만들 수 있게 된 것이었다면, 2.0은 노동의 민주화로 전문가 수준의 결과물을 만들 수 있게 된 상황을 말한다. 과거에는 전문 프로그램과 기술이 필요했던 그래픽 디자인을 이제는 AI 이미지 생성 도구로 초심자도 손쉽게 해낼 수 있다. 프롬프트 몇 줄만 입력하면 광고 배너나 일러스트가 뚝딱 나온다. 코딩도 마찬가지다. 복잡한 알고리즘 구현을 AI 코딩 비서가 도와주어, 비전문 프로그래머도 잘 작동하는 소프트웨어를 만들 수 있다. 이는 단순히 생산의 문턱을 낮춘 것을 넘어 전문성의 장벽을 허문 것이다. 생산 수단의 민주화 1.0이 "누구나 시도는 할 수 있다"였다면, 2.0은 "누구나 일정 수준 성과를 낼 수 있다"로 격상된 셈이다.

이러한 변화는 창업과 창작의 폭발로 이어질 수 있다. 상상해 보면, 글쓰기는 못 하지만 아이디어가 뛰어난 사람이 AI를 활용해 소설을 쓸 수 있고, 그림 실력은 없지만 콘셉트가 뚜렷한 사람이 AI로 웹툰을 만들어 낼 수 있다. 실제로 AI로 그림을 그려 웹툰을 연재하는 작가들이 등장했고, AI로 작곡한 음악을 발표하는 프로듀서도 나왔다. 디지털 창작물의 생산자 저변이 획기적으로 확대된 것이다. 또한 하드웨어 제품 개발 쪽에서도 AI가 설계와 시뮬레이션을 도와주어, 소규모 스타트업이 예전보다 훨씬 적은 인원으로도 복잡한 제품을 만들어 내는 사례가 생기고 있다. 이는 혁신의 주체가 거대 기업이나 전문가 집단에 한정되지 않고 일반 대중으로 확대됨을 의미한다. 롱테일 관점에서 보면, 공급자의 다양성이 폭발적으로 증가한 것이다. 노동자가 노동을 소유할 수 있는 역사상 최초의 시대가 열렸다.

하지만 생산 수단 민주화 2.0에는 한계와 고민도 따른다. 첫째, 품질 통제의 문제다. 모두가 생산자가 되다 보니, 저품질 콘텐츠도 범람한다. 앞선 장에서 말한 대로 큐레이션과 필터링의 중요성이 커진다. 둘째, 도구 접근성의 격차다. 누구나 AI를 쓸 수 있다고 하지만 현실적으로는 최신 AI 모델을 쓸 수 있는 자본력, 데이터 접근권, 컴퓨팅 자원이 일부에 집중된다. 개방형 오픈소스 AI도 있지만, 성능 면에서 차이가 있을 수 있다. 따라서 명목상 민주화가 실제로 평등한 기회를 의미하는지에 대한 논쟁이 있다. 예를 들어 자본이 많은 회사나 스타트업은 고성능 AI API를 대량 호출해 가면서 실험을 할 수 있지만, 자원이 적은 개인은 공개된 무료 모델로 제한된 성능을 얻는 차이가 있다. 이러한 AI 접근성 격차는 9장에서 다룰 "AI 디바이드"의 한 측면이기도 하다. 그럼에도 불구하고 큰 흐름은 명확하다. 창작과 생산의 문은 더 활짝 열렸고, 그 문턱은 낮아졌다. 롱테일 2.0 경제의 밑바탕에는 이렇게 진화한 생산 민주화가 자리하고 있다. 자본가가 아닌 노동자도 적은 비용으로 '노동을 소유'할 수 있게 되었다.

유통 채널과 연결의 혁신

롱테일의 둘째 동인은 유통의 민주화, 즉 누구나 어디서나 상품과 콘텐츠를 접할 수 있게 된 것이었다. 인터넷이 국경과 물리적 장벽을 허물고, 전자상거래와 디지털 배포가 배송 비용을 줄인 덕분이었다. 생성 AI는 이 부분에서도 혁신을 가속한다. 특히 유통 채널의 지능화와 공급-수요 연결의 자동화가 핵심이다.

우선 검색과 추천 기술이 AI로 한층 고도화되었다. 롱테일 1.0 시기에는 구글 검색과 아마존 추천이 공급과 수요를 이어 주는 주역이었다. 이제는 AI가 그 역할을 일부 대체하고 있다. 사람들이 더 이상 원하는 정보를 찾기 위해 일일이 검색 결과 페이지를 뒤지지 않고, 생성 AI에 직접 물어보고 답을 얻는 방식으로 이동하고 있다.

또 하나의 변화는 유통 프로세스의 자동화다. 예를 들어 전자상거래에서 AI 에이전트가 판매자와 구매자를 중개하고 거래를 성사하는 일이 가능해지고 있다. 구매자 에이전트는 여러 쇼핑몰의 가격과 리뷰를 비교해 최적의 제품을 찾아 주문하고, 판매자 에이전트는 고객의 특이한 질문에도 AI로 실시간 대응하며 맞춤 제안을 한다. 과거 인간 중개인이 하던 일들을 AI들이 대신 처리하는 셈이다. 이 과정에서 수많은 미시적 거래와 니즈가 자동으로 연결된다. 예컨대 어느 지역의 날씨가 급변해 갑자기 특정 상품 수요가 생기면, 이를 AI가 포착해 해당 지역 고객들에게 관련 상품을 추천하거나 쿠폰을 뿌리는 것을 자동으로 실행한다. 인간은 일일이 포착하지 못할 롱테일 수요들을 AI가 재빨리 연결해 주는 것이다. 이는 전체적으로 시장 효율성을 높이고 재고나 시간 낭비를 줄이는 효과가 있다.

물론 유통의 혁신에도 이면은 있다. AI 알고리즘이 모든 연결을 주도하다 보면, 투명성과 공정성 문제가 불거질 수 있다. 어떤 상품을 어떤 기준으로 추천할지, 알고리즘 편향은 없는지 등이 중요해진다. 예를 들어 AI가 특정 브랜드 제품만 계속 추천한다면, 다른 경쟁사에 불리할 것이다. 또한 너무 개인화된 정보만 접하게 되면 소비자는 우물 안에 갇힐 위험(필터 버블)이 있다.

그럼에도 불구하고 방향은 분명하다. 더 똑똑해진 유통은 롱테일 경제의 혈류를 촉진하고 있다. 인터넷이 1차로 문물을 흐르게 했다면, AI는 그 흐름을 한층 섬세하고 빠르게 만들었다. 상품과 서비스가 필요한 이에게 정확히 도달하는 초정밀 유통망이 구축되고 있다. 롱테일 2.0 경제는 이처럼 진화한 유통/연결 기반 위에서 꽃피울 것이다.

수요와 공급의 재정의

롱테일 이론의 셋째 동인은 수요와 공급을 연결하는 비용의 감소, 즉 검색 비용의 혁신이었다. 생성 AI는 이제 한발 더 나아가 수요와 공급의 개념 자체를 재정의하고 있다. 앞서 2장에서 논의했듯이, AI는 수요를 듣고 새로운 공급을 창출해 낼 수 있다. 이는 고전 경제학의 틀에서는 다소 파격적인 현상이다. 원래 수요와 공급은 소비자와 생산자라는 별개의 주체에 의해 이루어지는 것으로 가정하지만, AI는 수요가 공급을 직접 만들어 내는 매개체 역할을 한다. 이렇듯 경계가 허물어지다 보니, 수요와 공급을 매칭시키는 데 드는 비용 개념도 바뀐다. 거의 실시간 매칭이 일어나며, 수요와 공급의 미스매치로 인한 자원 낭비가 줄어든다.

서비스 산업에서도 비슷한 일이 벌어진다. 과거에는 공급자가 미리 서비스를 만들어 두고 고객이 찾기를 기다렸다면, 이제는 고객의 요청에 따라 즉석에서 서비스가 생성된다. 온라인 교육 분야에서 학생이 "나는 미적분의 이 부분을 좀 더 쉽게 설명해 줄 수 있는 자료가 필요해요"라고 하면, AI 튜터가 그 학생 수준과 선호에 맞춘 예제와 설명을 만들어 제공한다. 더 이상 학생은 구글에서 자신에게 맞는 설명을 찾아 헤맬 필요가 없다. 1:1 맞춤 수요 충족이 자동화된 것이다. 이런 환경에서는 교과서를 미리 만들어놓는 것과 같은 전통적인 공급자 개념이 희미해지고, 수요와 동시에 생산이 일어나는 동시성이 강조된다.

이렇듯 수요와 공급 개념이 재편되면, 시장 효율성은 최고조로 올라갈 수 있다. 그러나 수요 자체의 창출이라는 새로운 문제가 등장한다. 공급이 무한해지면 역으로 사람들의 욕구를 자극해 수요를 만들어 내는 것이 사업의 승부처가 될 수 있다. AI 시대의 마케팅은 소비자가 인지하지 못한 잠재 욕구까지 발굴해 내는 방향으로 발전하고 있다. 예컨대 어떤 AI 비서는 사용자에게 "당신을 위해 이런 서비스가 생겼는데 이용해 보면 삶의 질이 올라갈 것"이라고 권유할 수도 있다. 이는 수요를 공급 측에서 생성해 내는 격이다. 롱테일 2.0에서는 수요의 롱테일도 주목해야 한다. 과거에는 싼 가격, 우수한 성능 등 상위 몇 가지 욕구가 시장을 지배했지만, 이제는 인간의 수많은 미묘한 욕구들이 시장으로 표출되고, 기업들은 그 미세한 지점을 공략하려고 한다. 욕구의 세분화와 시장 세분화의 극단화가 진행되는 것이다.

결국 롱테일의 3대 동인인 생산, 유통, 연결이 모두 생성 AI로 인해 새로운 국면을 맞이했다. 생산은 누구나 무엇이든 만들 수 있게 되어 공급자의 다양성이 극대화되고, 유통은 AI로 초개인화되어 각 상품이 적재적소에 도달하며, 수요와 공급의 연결은 경계가 사라져 실시간 맞춤 생산으로 치닫고 있다. 이 세 가지 변화는 서로 맞물려 돌아가며 롱테일 2.0 경제의 엔진을 이룬다.

항공권 찾기

롱테일 2.0 경제의 힘은 세분화를 얼마든지 할 수 있다는 데 있다. 우리는 롱테일 1.0이 만든 무한 매대에서 검색이라는 나침반으로 많은 선택을 하고 있다. 매일 식당을 검색하고, 평점을 확인하고, 멀티 플랫폼에서 크로스 체크를 한다. 여행을 계획하며 항공권, 숙소를 검색한다. 지금 시대(곧 이전 시대가 될 것이다)의 항공권 검색은 일단 출발 날짜, 도착 날짜, 출발지, 도착지를 입력해야 했다. 예를 들어 10월에 2주간 프랑스, 네덜란드, 독일, 스위스, 오스트리아에서 자유 여행을 하고 싶은 사용자가 있다.

현재의 UX에서 사용자는 최저가 항공권을 찾기 위해 날짜와 도시를 달리해서 주기적으로 가격 비교를 하며 계속 검색을 해야 한다. 하지만, 롱테일 2.0 시대에는 생성 AI 검색 에이전트의 롱테일을 활용해 '10월 유럽 현지 2주 체류 가능한 최저가 항공권 찾아서, 매일 오전 7시에 리포트해 줘. 만약 100만 원 미만 나오면 바로 예약하고 메시지를 보내 줘 . In/Out 도시는 상관없고 날짜도 체류 기간이 10월 중에 있다면 상관없어'라고 명령을 하면, 에이전트는 매일 당신의 검색을 대신해 줄 것이다. 롱테일 2.0으로 수많은 에이전트들이 검색을 대신해 준 덕에 유저는 그 항공권이 제시하는 In/Out 도시를 결정할 수 있다. In/Out 도시가 정해지면 가고 싶은 주요 도시를 입력하고 원하는 동선, 호텔의 검색을 에이전트에 의뢰할 수 있다.

모든 플랫폼 회사들은 이런 UX를 제공하는 새로운 AI 롱테일 2.0으로 무장한 게릴라들과 싸워야 할 것이다. 이것은 놀라운 혁신이다. 사람이 매일매일 항공권을 검색해야 하는 노역, 스탠퍼드 박사나 고등학생이나 별반 다른 전략 없이 절대 시간을 써야 하는 단순한 노동으로부터 우리는 곧 해방된다.

참고문헌

크리스 앤더슨(2006). 《롱테일 경제학(The Long Tail: Why the Future of Business is Selling Less of More)》. 랜덤하우스코리아.

06
롱테일 1.0 VS 롱테일 2.0

롱테일 2.0 시대는 생성 AI를 기반으로 초개인화된 가치 제공이 핵심 경쟁력이 된 세상이다. 협상 AI처럼 인간의 복잡한 판단 영역까지 자동화되는 시대가 도래하며, AI 에이전트들이 실질적인 경제 주체로 활동하는 새로운 시장이 열리고 있다. AI는 전기처럼, 문자처럼, 공기처럼 우리 삶에 편재할 것이다.

AI와 야구?

롱테일 1.0 시대의 승자들

롱테일 1.0 경제에서는 디지털 플랫폼을 선점한 기업들이 큰 성공을 거두었다. 이들은 인터넷을 활용해 전에 시장성이 낮다고 여겨졌던 틈새 상품들까지 아우르며 폭넓은 카탈로그를 구축했고, 이를 전 세계 소비자와 연결했다. 대표적인 예가 아마존(Amazon)이다. 아마존은 온라인 서점으로 시작해 "팔리지 않는 수천만 종의 책들"까지 확보함으로써 판매 종수의 폭발적 증가를 이뤄냈다. 이러한 롱테일 전략을 통해 아마존은 서적 시장을 장악했고 이후 모든 상품 카테고리로 확장, 리테일 업계의 공룡이 되었다.

음악 및 영화 분야에서는 넷플릭스(Netflix)와 스포티파이(Spotify)가 롱테일의 힘을 보여 줬다. 넷플릭스는 초창기 DVD 대여 사업에서 시작해 온라인 스트리밍으로 전환하면서, 인기 있는 신작뿐 아니라 오래된 고전 영화, 독립 예술 영화 등 광범위한 콘텐츠 라이브러리를 갖추었다. 이용자들은 개개인의 취향에 맞게 영화를 골라 볼 수 있었고, 넷플릭스의 추천 알고리즘은 숨겨진 취향을 찾아 주는 역할을 했다. 이 과정에서 적은 관객을 가진 수많은 영화들이 새로운 시청자를 만났다. 스포티파이 역시 방대한 음원 풀을 제공하고 사용자의 취향을 분석해 플레이리스트를 제안함으로써, 메인 차트 외의 다양한 장르 음악도 소비되는 환경을 만들었다. 다만 앞서 지적했듯이, 결과적으로 음악 소비는 다시 소수 아티스트에 편중되는 경향을 보였지만 플랫폼 입장에서는 전체 시장 파이를 키우는 데 성공했다.

검색 엔진 구글(Google)도 빼놓을 수 없다. 구글은 롱테일 인터넷 콘텐츠를 사용자와 연결하는 핵심 관문으로 기능했다. 덕분에 블로그, 개인 웹사이트처럼 적은 트래픽의 페이지들도 검색을 통해 독자를 만날 수 있었다. 구글 애드센스(AdSense)는 롱테일 웹사이트 운영자들이 소량의 트래픽으로도 광고 수익을 얻을 수 있게 해주어, 롱테일 웹 생태계를 지원했다. 유튜브(YouTube) 역시 전 세계 누구나 영상을 업로드하고 전세계적인 니치 취향 커뮤니티를 형성할 수 있게 함으로써, 롱테일 콘텐츠 왕국을 구축하고 모회사 구글에 막대한 광고 수익을 안겼다. 한편, 페이스북(Facebook) 같은 소셜미디어도 마찬가지로, 이용자 생성 콘텐츠(UGC)의 롱테일을 끌어안아 거대 플랫폼으로 성장했다.

정리하면 롱테일 1.0 시대의 성공 기업들은 디지털 플랫폼과 알고리즘을 무기로 공급의 꼬리를 길게 만들고, 수요를 분산시켜 전체 시장을 키우는 동시에 그 허브로서 수익을 챙긴 기업들이다. 이들은 "많은 작은 것들의 힘"을 증명했지만, 역설적으로 그 과실은 소수 플랫폼에 집중되었다. 롱테일 전략으로 다양한 플레이어가 혜택을 받았지만, 궁극적으로 가장 큰 승자는 플랫폼 사업자였다.

롱테일 2.0을 선도하는 기업들

생성 AI 시대, 즉 롱테일 2.0 경제에서는 어떤 기업들이 부상할까? 우선 떠오르는 것은 AI 기술 기업들이다. 오픈AI(OpenAI), 구글 딥마인드(DeepMind), 앤트로픽(Anthropic), 메타 등 대형 AI 모델을 개발하는 회사들이 롱테일 2.0의 인프라를 제공하고 있다. 이들은 거대한 범용 모델을 API 형태로 공개하거나 오픈소스로 배포해 수많은 기업과 개인이 AI를 활용한 제품을 만들 수 있게 했다. 롱테일 2.0에서는 AI 모델 자체가 새로운 플랫폼 역할을 한다. 예를 들어 오픈AI의 GPT-4 API를 활용해 수천 개의 스타트업이 각종 특화 서비스를 개발 중이다. 이러한 AI 생태계의 맹주들은 롱테일 경제에 직접 소비재를 팔지는 않더라도, 롱테일 혁신의 촉매로서 막대한 영향력과 가치를 지닌다.

다음으로 주목할 부류는 개인화된 서비스 제공자들이

다. 롱테일 2.0의 특징이 초개인화라면, 이를 잘 구현하는 기업이 성공할 것이다. 넷플릭스나 아마존도 개인화 추천을 이미 하고 있지만, 생성 AI로 한 단계 업그레이드된 개인화 서비스를 내놓는 신생 기업들이 속속 등장하고 있다. 런웨이(Runway)나 미드저니(Midjourney) 같은 AI 크리에이티브 툴 스타트업은 디자이너나 마케터 개개인의 취향과 요구에 맞게 이미지를 생성해 준다. 듀오링고(Duolingo)와 같은 교육 서비스는 AI 튜터를 붙여 학습자마다 다른 내용과 속도로 수업을 진행한다. 리플릿(Replit)이나 깃허브 코파일럿(GitHub Copilot) 같은 AI 코딩 도구는 개발자별로 코딩 스타일을 학습해 최적의 보조를 한다. 이렇듯 각 개인에게 특화된 가치를 제공하는 서비스들은 기존의 천편일률적 서비스와 차별화되어 고객 충성도를 얻고 있다. 롱테일 2.0의 소비자는 "나만을 위한 무언가"를 원하고, 그 기대를 충족하는 기업이 승자가 될 것이다.

또 다른 범주의 성공 기업은 전통 산업에 AI를 통합해 롱테일화에 성공한 기업들이다. 이를테면 패션업에서 나이키(Nike)는 맞춤형 스니커즈 제작 플랫폼을 운영해 소비자 개별 디자인 요청에 대응해 왔다. 여기에 AI 디자인 생성과 발 빠른 제조를 접목하면 매스 커스터마이제

이션(Mass Customization)을 뛰어넘는 진정한 롱테일 패션을 구현할 수 있다. 현재 스타트업 중에는 고객의 체형 데이터를 AI로 분석해 3D 니팅 머신으로 개인 맞춤 의류를 만드는 곳도 있다. 또 농업 분야에서는 스마트팜 기업들이 AI로 소비 트렌드를 예측해 재배 작물을 유연하게 바꾸거나, 계약 재배 농가들에게 수요 정보를 실시간 공유해 생산을 조절한다. 이는 농산물 생산에서도 일종의 롱테일 대응을 하는 사례다. 헬스케어에서는 개인 유전체와 생활 데이터를 AI로 분석해 각자에게 필요한 맞춤 건강 관리 솔루션을 제공하는 회사들이 각광받고 있다. 이들은 질병 예방부터 영양 관리까지 건강 수요의 롱테일을 공략한다. 요컨대 AI를 활용해 자신의 산업에서 고객 개개인을 만족시키는 전략을 펼치는 기업들이 롱테일 2.0 시대의 승자로 부상하고 있다.

흥미롭게도, 롱테일 1.0 시대의 승자들 중 상당수도 2.0에 적응하며 다시 선두에 서고 있다. 아마존은 자체 AI인 베드록(Bedrock) 등을 개발하고 물류에 AI 최적화를 도입하며 초개인화 추천과 온디맨드 제조 실험을 하고 있다. 구글은 생성 AI를 검색과 유튜브에 통합해 사용자의 다채로운 쿼리에 즉각 답하는 방향으로 움직인다. 마이크로소프트는 오픈AI와 제휴해 오피스 소프트웨어에 코파일럿(Copilot) AI를 넣어 사용자별 업무 보조를 제공한다. 이렇듯 빅테크 기업들은 자신들의 방대한 사용자 기반과 데이터, 플랫폼 파워를 활용해 AI 시대에도 군림하려 하고 있다. 롱테일 2.0의 지배권을 두고 신구 기업 간 경쟁이 치열하게 벌어지는 중이다. 신생 스타트업은 기민함과 혁신 아이디어로 틈새를 파고들고, 기존 대기업은 자본과 데이터로 AI 개발을 선도하며 맞서고 있다.

마지막으로 눈여겨볼 성공 포인트는 협업과 개방이다. 롱테일 2.0 시대에는 한 기업 혼자 모든 것을 다 할 수 없다. AI 기술 기업, 도메인 전문 기업, 플랫폼 기업이 생태계를 이뤄야 한다. 예컨대 자동차 회사는 차량 데이터를 개방하고 AI 스타트업과 협력해 운전 습관별 맞춤 차량 관리 서비스를 내놓을 수 있다. 패션 기업은 디자이너 커뮤니티와 협업해 AI 디자인 생태계를 만들 수 있다.

정리하면, 롱테일 2.0 시대의 성공 기업들은 AI를 무기 삼아 개인 맞춤형 가치를 대규모로 제공하는 데 능한 기업들이다. 또한 기존 성공 공식을 가진 기업이라도 AI로 재무장해 변신에 성공하면 계속 군림할 수 있다. 중요한 것은 변화의 방향을 읽고 자기 혁신을 주저하지 않는 것이다. 롱테일 2.0은 크고 작은 물고기들이 함께 헤엄

치는 새로운 바다이며, 거기서는 빠르고 영리하게 움직이는 자가 살아남을 것이다. 생성 AI의 놀라운 생산성을 담보로, 무한대에 가까운 에이전트들을 만들어서 할 수 있는 일을 빨리 찾아 실행하는 일, 롱테일 2.0 게릴라들의 일이다.

협상 AI

우리 회사는 국내 최대 통신 그룹사와 협상 AI 솔루션을 만들고 사업화 해 나가고 있다. 고객사는 다수의 판매자와 매년 다수의 구매 계약을 하고 있고, 수만 건의 가격 협상을 매년 진행하고 있다. 그 협상을 AI로 자동화하고 있고, 협상 데이터를 축적해서 AI의 협상 전략을 고도화해 나가고 있다.

구매를 위한 가격 협상을 AI로 전자동화하고 있는 회사는 아직 국내에는 없고, 해외에도 아주 극소수만 존재한다. 협상 AI도 결국, 생산성이 높은 다수의 협상 에이전트들이 협상을 진행하고, 협상 데이터를 모으고 인사이트를 발굴해 다음 협상을 진행하는 방식이다.

현재는 B2B로 솔루션을 만들고 있지만, B2C로는 다음 같은 모델이 곧 가능할 것이다. "2호선 당산에서 왕십리역까지 역에서 도보로 10분, 단지 내 초등학교가 있고,

완공 10년 이내에 커뮤니티에 헬스장, 골프연습장이 있고, 전세 8억 내외의 아파트를 찾아 줘. 이 조건으로 부동산과 이야기해 보고, 매일 오후 8시에 결과를 리포트해 줘." 이런 프롬프트를 입력하고, 사용자는 다른 일에 집중해도 될 것이다.

07
새로운 생산자, 구매자, 판매자

생성 AI 시대에는 인간과 인공지능이 협력해 새로운 생산자상이 나타나고, 소비자 역시 AI와 결합해 능동적이고 지능적인 선택을 한다. 판매자는 큐레이터로서 경험을 디자인하며, 인간적 공감과 AI 기술이 융합된 롱테일 2.0 경제가 펼쳐진다. AI 시대의 생산 · 소비 · 판매 구조가 새로운 게임의 룰을 만들게 될 것이다.

AI와 윤동주?

새로운 생산자: 인간과 AI의 협업 크리에이터

생성 AI 시대에는 생산자의 개념이 확대되고 변모한다. 전통적으로 생산자는 재화나 서비스를 만드는 기업이나 창작자 등이었다. 이제 AI의 발전으로 생산 활동의 주체에 AI가 가세했다.

우선 크리에이터 경제를 보자. 유튜버, 블로거, 인플루언서 등 1인 창작자들은 이미 롱테일 1.0 시대의 산물이었다. 생성 AI는 이들에게 슈퍼파워를 부여하고 있다. 예를 들어 한 명의 크리에이터가 AI 툴을 활용해 수십 명 규모의 콘텐츠 팀과 맞먹는 생산량을 낼 수 있다. AI는 영상 편집을 자동화하고, 썸네일 이미지를 생성하고, 다국어 자막과 더빙을 척척 제공한다. 심지어 AI로 자기 분신 캐릭터를 만들어 24시간 방송하게 하거나, 과거 자신의 스타일을 학습한 AI가 블로그 글 요약본 같은 보조 콘텐츠를 작성하게 할 수도 있다. 이러한 AI 조력자들을 거느린 1인 크리에이터는 마치 소규모 미디어 기업처럼 활동하게 된다. 이렇듯 인간-AI 협업 크리에이터는 새로운 생산자의 한 유형이다. 그들은 창의적 아이디어와 인간적인 매력을 제공하고, AI는 실행과 반복을 담당한다. 결과적으로 더 풍부한 콘텐츠와 제품이 쏟아지며 롱테일 경제를 채운다.

특히 소프트웨어 분야에서는 새로운 생산자 개념이 두드러진다. AI 코딩 비서의 등장으로, 프로그래밍 입문자도 꽤 그럴듯한 앱을 만들어 낼 수 있게 되었다. 과거에는 스타트업 창업자가 아이디어가 있어도 개발 인력이 없으면 구현을 못 했지만, 이제는 창업자 본인이 AI 도움을 받아 MVP(Minimum Viable Product, 최소 기능 제품)를 만들어볼 수 있다. 결과적으로 더 많은 애플리케이션과 서비스가 시도되고, 그중 일부는 작은 수요라도 롱테일 2.0 시장에 안착한다. 이는 디지털 서비스의 롱테일화를 가속한다. 수많은 작은 앱과 웹서비스들이 특정 소규모 사용자 집단을 위해 쏟아져 나오는 것이다. 이러한 서비스들의 생산자는 1~2인의 작은 팀일 수도 있고, 사실상 AI 혼자서 만든 것에 가까울 수도 있다. 재미있는 예로, 깃허브에 공개된 어떤 프로젝트들은 거의 AI 자동 완성으로 작성된 코드인데도 꽤 유용하게 쓰이기도 한다. 인간은 아이디어만 제시하고 AI가 대부분 구현한 경우라, 과연 누가 생산자인가 하는 철학적 질문도 생긴다.

결국 생산자의 범위가 인간에서 인간+AI 콤비네이션으로 확장되었고, 어떤 경우에는 AI 주도의 생산까지 포함하게 되었다. 이것은 노동의 개념에도 변화를 일으킨다. 생산 활동이 점점 지시와 감독의 행위로 바뀌고 있기 때문이다. 인간은 목표를 설정하고 결과를 평가하며 조율하고, 실행은 AI가 하는 패턴이 늘어난다. 효율성과 다양성 측면에서는 분명히 과거보다 나은 결과물을 얻을 수 있다. 새로운 생산자는 이전보다 훨씬 적은 자원으로도 시장에 도전할 수 있는 존재이며, 그만큼 창조와 혁신의 저변이 넓어졌다.

진화하는 구매자: AI를 동반한 소비자

한편 구매자의 역할도 진화하고 있다. 소비자는 더 이상 수동적으로 주어진 선택지 중 고르는 존재가 아니다. 생성 AI 시대의 구매자는 자신의 AI 에이전트와 함께 더 똑똑하고 능동적으로 행동한다. 예를 들어 소비자는 AI 쇼핑 비서를 통해 원하는 제품에 대한 심도 있는 정보를 얻는다.

또 구매자 AI는 단순 조언을 넘어서 대리 구매도 수행한다. 사용자로부터 일정한 권한을 부여받은 AI 에이전트는 정해진 예산 한도 내에서 자동으로 필요한 물품을 주문하거나, 가장 싼 가격에 입찰 구매를 진행할 수 있다. AI가 여러 숙박 플랫폼을 주기적으로 방문해, 가장 할인율이 높고, 석식, 조식 가성비가 높은 호캉스 상품을 찾아 추천해 줄 수 있다. 어느 항공권 가격이 사용자가 설정한 목표치 이하로 내려가면 AI가 자동 결제한다. 이런 식으로 AI는 소비자의 집사 겸 대리인으로 경제 활동에 참여한다. 따라서 기업으로서는 설득해야 하는 대상이 인간뿐 아니라 그들의 AI가 될 수도 있다. 향후 마케팅은 "인간 고객의 마음"뿐 아니라 "고객 AI의 알고리즘"을 동시에 만족시켜야 할지 모른다. 롱테일 2.0 시대의 마케팅은 구매자의 AI 에이전트를 만족시키는 방향으로 발전할 것이다.

게다가 생성 AI는 구매자의 취향을 형성하는 데도 영향을 미친다. 개인화된 추천은 소비자가 미처 알지 못했던 관심사를 일깨우고 새로운 수요를 만들어 낸다. 예를 들어 AI가 "당신의 SNS 활동을 보니 요즘 스트레스가 많은 듯합니다. 아로마 캔들을 사용해 보는 것은 어떠세요?"라고 제안할 수 있다. 그러면 소비자는 원래 생각지 못했던 아로마 캔들 구매를 고려하게 될 수 있다. 이렇게 AI는 소비자의 친구이자 조언자로서 소비 라이프스타일 전반에 개입한다. 이는 소비자가 더욱 다양한 롱테일 상품을 접하게 한다. AI가 개인의 독특한 일상에 맞춰 솔루션을 추천하다 보면, 자연히 시장의 꼬리 부분에 있는 제품들도 수면 위로 떠오른다. 공급자들은 이에 대응해 더욱 특화된 상품을 내놓고…. 이런 선순환이 롱테일 경제를 심화시킨다.

이렇듯 롱테일 2.0 경제의 구매자는 AI와 한몸이 되어 움직이는 존재다. 소비자는 더 현명해졌지만 동시에 AI의 영향을 받는다는 점에서 예전과 다르다. 기업은 이제 "AI-소비자 복합체"를 상대로 사업 전략을 짜야 한다. 예를 들어 검색 광고나 전단지가 아니라 "소비자 AI(소비자의 AI 에이전트)에게 자사 제품을 노출하는 전략"을 고민할 시점이 오고 있다. 이는 일종의 B2AI(기업 대 AI) 마케팅이라 부를 수 있을 것이다. 우리를 위해 일하는 AI 에이전트는 감정이 없는 존재다. 오늘 저녁 식당 예약을 위해 3,000개 식당을 일일이 알아보게도 할 수 있다. 노동의 롱테일화, 자동화가 핵심이다.

판매자의 역할 변화: 플랫폼에서 큐레이터로

생성 AI 시대에 판매자의 개념도 재정의되고 있다. 전통적으로 판매자는 제품이나 서비스를 제공하고 거래를 성사하는 주체였다. 제조업체가 직접 판매하거나, 유통업자나 소매상이 그 역할을 맡았다. 롱테일 1.0 시대에는 아마존 같은 거대 플랫폼이 "만물상"으로 등장하면서 개별 판매자의 존재감이 희미해지기도 했다. 이제 롱테일 2.0에서는 판매자의 역할이 큐레이터로 진화할 가능성이 있다.

앞서 언급한 대로 AI로 맞춤 생산이 용이해지면 재고를 쌓아 두고 파는 전통적 판매 방식은 줄어들 것이다. 그 대신 소비자의 취향이나 문제를 파악해 적절한 솔루션을 추천해 주는 능력이 중요해진다. 예를 들어 미래의 여행사는 고객에게 기성 패키지만 파는 게 아니라, AI로 개인 선호를 분석해 "고객에게 딱 맞는 여행 일정"을 만들어 판매할 것이다. 여기서 여행사는 판매자라기보다 여행 큐레이터이자 컨설턴트에 가깝다. 이처럼 판매자는 상품 매개자에서 경험 설계자로 변화한다.

또한 판매자는 브랜드의 화신이 될 수 있다. AI 시대에도 브랜드의 중요성은 남는다. 너무 많은 선택지와 자동화 속에서 소비자는 신뢰할 만한 큐레이션 신호로 브랜드를 찾게 된다. 판매자는 자신이 취급하는 상품군에서 독자적인 안목과 스토리로 상품을 구성해 브랜드 가치를 높일 수 있다. 예를 들어 한 온라인 서점 판매자가 있다면, AI 추천만 믿고 쭉 나열하는 것이 아니라 자신의 독특한 선별 기준(예: 페미니스트 시각에서 고른 SF 소설 컬렉션)을 적용해 큐레이션 판매를 하는 식이다. 그러면 해당 큐레이션을 신뢰하는 충성 고객층이 생길 수 있다. 이는 과잉 공급 시대에 판매자가 줄 수 있는 특별한 가치다.

AI 활용 능력도 새로운 판매자의 요건이다. 판매자는 AI로 24시간 고객 응대를 하고, AI 데이터 분석으로 판매 트렌드를 파악하며, AI 마케팅 도구로 잠재 고객에게 개인화된 메시지를 보낼 것이다. 이러한 능숙한 AI 운용으로 고객 경험을 향상하는 판매자가 경쟁 우위를 가진다. 예를 들어 어떤 소호(SOHO) 쇼핑몰 운영자는 AI로 고객별 구매 패턴을 분석해 생일에 맞춰 딱 필요한 상품 쿠폰을 보내고, AI 챗봇을 이용해 제품 사용법을 상세히 알려주며, 리뷰를 AI로 요약 분석해 제품 개선에 즉각 반영한다. 이는 규모는 작아도 대기업 못지않은 맞춤 서비스를 제공하는 모습이다. 롱테일 경제에서 작은 판매자도 AI로 무장하면 충분히 생존하고 성장할 수 있음을 보여 준다. 우리를 대신할 수 있는 지능 노동(AI)을 활용하는 판매자가 승리하는 세상이다.

한편, 거대 플랫폼들은 판매자 역할의 변화를 반영해 서비스 지향으로 전환하고 있다. 온라인에서도, 결제부터 배송까지 모든 과정이 AI에 의해 최적화되어 소비자는 '샀다'는 느낌 없이 물건을 얻게 될지 모른다. 그럼, 판매자는 어디에 있는가? 보이지 않게 숨어서 경험을 설계하고 지원하는 배후자 역할을 한다.

또 하나의 변화는 플랫폼과 판매자 관계다. 롱테일 1.0에서는 개별 판매자들이 거대 플랫폼에 입점해 종속되는 양상이었다. 그러나 생성 AI로 탈중앙화 경향이 생기면, 판매자들이 각자 AI 활용 능력을 갖추고 자체적으로 수요를 끌어모을 힘을 얻을 수도 있다. 예를 들어 제조사가 AI로 소비자 데이터에 직접 접근해 마케팅과 판매를 수행하면 중간 플랫폼 의존도를 낮출 수 있다. 다만 현실적으로는 플랫폼들도 AI를 적극 활용해 더욱 막강해질 것이므로, 판매자의 자립이 쉬운 일은 아니다.

결국 새로운 판매자는 상품을 파는 사람이 아니라 솔루션을 제안하고 경험을 파는 사람으로 재탄생하고 있다. 그리고 그 모든 과정을 AI와 협력해 수행한다. 판매의 인간적 요소인 공감, 신뢰 형성, 미적 감각 등은 여전히 판매자의 몫으로 남을 것이다. AI가 범람하는 시대일수록 오히려 사람 냄새 나는 큐레이션과 서비스가 귀해질 수 있다. 롱테일 2.0 경제에서는 판매자 각각이 작은 예술가처럼 자신의 판매 행위를 창조해 나가게 될지도 모른다. 그것이 고객에게 감동을 주고, 공급자에게는 새로운 부가가치를 창출하는 길이 될 것이다.

에이아이오투오 신문

AI 브리프(AI Brief)는 에이아이오투오(AI O2O)가 만든 AI 기반 뉴스 플랫폼이다. AI 브리프는 AI로 관통되는 기술, 문화, 경제, 사회 핵심만 정제해 전하는 뉴스 서비스다. 매일 오전 8시에 가디언(The Guardian), 뉴욕타임스(The New York Times), 블룸버그(Bloomberg), MIT 테크놀로지 리뷰 등 세계 주요 매체 14곳에서 AI 관련 기사를 자동 수집한다. 기사 제목, 발행일, 이미지, 요약, 본문, 관련 메타데이터까지 표준화된 형식으로 정리되어, 매일 새로운 뉴스 데이터셋이 구축된다. 이는 단순한 뉴스 큐레이션을 넘어서 콘텐츠 생산과 자동 정제까지 아우르는 'AI 기반 정보 가공 시스템'에 가깝다.

AI 브리프의 차별점은 'AI 기자 페르소나' 시스템이다. 예를 들어, 트렌드에 민감한 20대 문화 기자, 공학 전공자의 시각을 담은 기술 기자, 사회과학 기반의 분석을 제시하는 사회 기자, 경제 애널리스트 스타일의 기자, AI 박사 연구자의 인사이트를 반영한 해설 기자 등 다양한 시선이 콘텐츠에 녹아든다. 단일한 요약이 아닌, 관점과 해석이 살아 있는 AI 콘텐츠를 제공한다.

AI 브리프는 서비스 오픈 이전부터 학습된 데이터 기반을 바탕으로, 풍부한 콘텐츠를 제공할 준비를 마쳤다.

이후에도 AI 자동화와 사람의 검수 시스템을 병행해 콘텐츠의 신뢰도와 품질을 지속적으로 관리한다. 매일 아침, 인공지능과 깊게 연결된 글로벌 이슈를 정제된 콘텐츠로 제공하며, 정보 과잉의 시대에도 독자가 핵심을 놓치지 않도록 돕는 플랫폼이 되고자 한다.

참고문헌

한수경(2025.4.1). 나이키, AI 활용해 운동화 디자인 가능한 'AIRImagination' 플랫폼 출시. 매드타임스. https://www.madtimes.org/news/articleView.html?idxno=23557

08
AI 에이전트 경제와 롱테일화

생성 AI가 개인 에이전트로 진화하며 일상 소비와 업무가 대거 자동화되고, 에이전틱 커머스가 자리 잡으면서 초미세 단위 거래가 폭발적으로 늘어난다. 샘 올트먼이 제시한 AI 발전 4단계는 AI가 기업과 시장을 자율 운영하는 미래까지 예고한다.

AI와 한의학?

개인 에이전트와 소비의 자동화

"곁에 AI 비서 한 명쯤 두는 시대." 생성 AI의 발전으로 개인용 AI 에이전트가 현실이 되고 있다. 개인 에이전트란 각각의 사용자를 위해 일종의 디지털 대리인 역할을 하는 AI를 말한다. 롱테일 2.0으로 우리의 에이전트를 무한히 확대할 수 있다. 7장에서 구매자와 함께 움직이는 AI를 언급했는데, 여기서는 이 개념을 확장해 개인 에이전트가 가져올 경제 변화를 살펴보자.

개인 에이전트는 사용자의 일정 관리, 정보 검색, 쇼핑, 업무 비서, 감정적 대화 상대 등 다방면에서 활약한다. 이러한 에이전트들이 보편화하면, 많은 소비 활동과 일상 업무가 자동화된다. 예를 들어 월요일 아침, AI 에이전트 '지니'가 주인을 대신해 식료품을 주문하고, 주중 날씨를 고려해 우산이나 자외선 차단제 등을 미리 사 두며, 차량에 기름이 필요하면 주유소 가격 비교 후 예약까지 해 놓는다. 사용자는 지시하지 않았는데도 AI가 알아서 루틴한 소비를 대행하는 것이다. 이렇게 되면 소비 패턴에도 변화가 생긴다. 사람들은 일상적인 것에 신경을 덜 쓰고, AI가 채워 주지 못하는 특별한 경험 소비에 더 집중할 가능성이 있다. 다시 말해, 기본적인 수요는 AI가 충족해 주고, 인간은 창의적이고 개성적인 수요에 에너지를 쓴다. 이는 롱테일 수요를 더욱 촉진하는 요소다. AI가 알아서 사 주는 건 대중화된 생활필수품일 수밖에 없고, 인간은 그 외에 자신만의 취향을 찾아다니게 된다.

또한 개인 에이전트들은 서로 연결되어 협력할 수 있다. 예를 들어 A씨의 AI와 B씨의 AI가 주인들 대신 일정 조율을 해 약속을 잡는다. 회사에서 한 부서의 AI 비서들이 모여 상호 조정해 회의 일정을 최적화한다. 심지어 기업의 구매 담당 AI와 공급 업체 판매 AI가 만나 흥정을 벌이기도 한다. 이렇게 AI 대 AI 상호작용이 늘어나면, 경제 거래의 많은 부분이 인간 개입 없이 진행될 것이다. 주식 거래에서 고빈도 알고리즘 트레이딩이 이미 그러하듯, 일반 소비시장에서도 에이전트 간 거래가 보편화될 수 있다. 이를 "에이전틱 커머스(Agentic Commerce)"라고 부르기도 한다.

에이전틱 커머스는 인간의 개입 없이, AI 에이전트 또는 자동화된 시스템이 상품 탐색, 비교, 구매, 결제까지 전 과정을 수행하는 상거래 시스템이라고 할 수 있다. 에이전틱 커머스 시대에는 SEO(Search Engine Optimization)를 넘어 AEO(AI Engine Optimization)가 중요해진다. 롱테일 1.0 시대에 '강남 맛집', '근처 맛집'을 찾았다면 이제 롱테일 2.0 시대에는 '나는 매콤한 걸 좋아하고, 소맥을 즐기는데 어울릴 만한 3명이 10만 원 정도의 예산으로 먹을 수 있는 50대가 주로 좋아할 입맛의 주점을 찾아 줘'라는 질문을 던질 것이고 이러한 2.0 질문에 상위 랭크될 수 있도록 공급자들은 대비를 해야 한다.

이러한 에이전트 경제에서는 새로운 플레이어도 등장한다. 법률 상담 AI, 의료 코치 AI 등 각종 전문 에이전트 서비스를 제공하는 기업들이 늘어난다. 개인들은 신뢰성 높은 AI에 비용을 지불하고 자문을 받는다. 한편 오픈소스 AI 운동도 활성화되어, 서로 다른 AI들이 표준화된 프로토콜로 소통하는 AI 네트워크가 만들어질 수 있다. 이것은 일종의 에이전트 아고라(광장)로, AI들끼리 모여 정보를 교환하고 협력하는 장터가 된다. AI들 간 거래는 너무 빠르고 복잡해서 인간이 일일이 이해하거나 규제하기 어렵다. 이는 추후 거론할 AI 디바이드, 규제 이슈와도 맞물린다.

개인 에이전트들이 많아지면, 노동 시장에도 변화가 온다. 사람들은 자신의 AI가 경제 활동을 대신해 돈을 벌어 오게 할 수도 있다. 예컨대 사용자가 촬영한 사진들을 AI가 판매 가능한 스톡 이미지로 분류, 보정해 온라인에 올리고, 거기서 수익이 나면 분배하는 식이다. 사용자가 직접 일하지 않아도 AI가 알아서 소소한 수입을 가져다 주는 마이크로 경제 활동이 가능해진다. 물론 아직은 이상적 시나리오지만, AI가 업무 대행을 잘하게 되면 사람들은 AI를 고용해서 여러 직업을 동시에 갖는 형태도 상상해 볼 수 있다. "내 AI 하나는 온라인 상점 운영, 또 하나는 데이터 입력 아르바이트, 또 다른 하나는 게임에서 아이템 파밍해서 팔기"와 같은 방식이다. AI를 활용해 소득의 롱테일화를 만들 수 있다.

에이전트 간 거래와 경제의 롱테일화

AI 에이전트 경제에서 가장 흥미로운 부분은 에이전트 간 거래가 만들어 낼 새로운 롱테일이다. 앞서 언급했듯, AI들은 인간이 신경 쓰지 않는 자잘한 수요와 공급까지도 연결할 수 있다. 이것이 극단으로 가면 경제 활동의 단위 쪼개기가 일어난다. 예를 들어 나의 경험과 프롬프트가 체화된 항공권 예매 에이전트를 항공권 예매가 필요한 사람이 마이크로 노동 시장에서 1일 구매를 할 수 있다. 나의 에이전트가 다른 사람을 위해 일을 하고 나에게 수입이 생기는 방식이다. 클라우드 컴퓨팅 자원을 시간 단위로 거래하듯, 앞으로는 자동차, 가전, 심지어 인력 시간까지 초미세 단위로 거래가 가능해질지 모른다.

AI가 실시간 중개와 계약을 책임지니 마찰이 적어지기 때문이다. 이는 경제의 원자화이자 동시에 롱테일화다. 거래 하나하나는 매우 작지만, 그 총합은 거대한 시장을 형성한다.

B2B(기업 대 기업)영역에서도 에이전트 경제는 롱테일화를 촉진한다. 기업들은 수많은 공급 업체, 유통 채널과 얽혀 있는데, AI 에이전트가 기업 간 조율을 맡으면 초저비용 거래가 가능해진다. 작은 부품 하나도 전 세계 어디서든 최적 조달이 이뤄지고, 공장 생산 라인도 AI들끼리 일정을 조정해 효율을 높인다. 이는 대기업과 중소기업 간 격차를 줄이고, 비교우위에 따른 전문화를 극대화할 수 있다. 롱테일 2.0 경제에서 수많은 중소 전문 기업들이 AI 네트워크를 통해 연결되어 거대한 가치를 창출하는 모습도 예상된다. 예컨대 자동차 한 대를 만드는데 수백 기업이 관여하는데, AI 에이전트들이 실시간 소통하면서 지연 없이 필요한 부품을 주고받고 설계 변경에 대응한다면, 소량 생산 커스텀 자동차도 효율적으로 만들 수 있을 것이다. 이는 대량 생산과 커스터마이제이션 사이의 경계를 허물고, 수요자 중심 생산 체계를 가능케 한다.

에이전트 경제의 또 다른 측면은 AI들 간 경쟁과 협상이다. AI들도 기본적으로 자기 주인의 이익을 극대화하려 할 테니, 서로 협상하고 때로는 경쟁할 것이다. 이때 인간이 설계한 알고리즘적 룰과 윤리가 중요해진다. AI들끼리 가격 담합을 한다거나, 특정 에이전트가 시장을 독점하면 문제가 된다. 이런 시나리오는 이미 간단한 주식 알고리즘 간 상호작용 연구에서 징후가 보인 바 있다. 따라서 에이전트 경제의 공정성을 위한 새로운 제도적 장치도 고민해야 한다. 그렇지만 긍정적으로 보자면, AI 에이전트들은 인간보다 편견이 적고 데이터 기반으로 움직이므로, 잘만 설계하면 더 공평하고 투명한 거래 환경을 조성할 수도 있다.

정리하면, AI 에이전트 경제는 경제 활동의 자동화와 초연결화를 통해 롱테일화를 극한까지 추진한다. 사람들은 AI 대리인을 통해 무한에 가까운 미세 거래에 참여하고, 그 결과 시장은 전에 없던 유연성과 다양성을 획득한다. 생성 AI의 놀라운 생산성과 한계 비용 제로의 영향으로, 아무리 작은 롱테일 거래도 이제는 매우 중요해졌다.

AI 발전 4단계

오픈AI의 샘 올트먼은 AI 발전의 4단계를 아래와 같이 제시했다.

1단계: AI Tool(도구)

사람의 능력을 보조하는 생산성 도구로서의 AI.

예: GPT, 챗GPT, 코파일럿, 미드저니. 사용자가 명령을 입력하고, AI는 그에 따라 응답함. AI는 수동적이고, 인간이 주도권을 가짐.

2단계: AI Assistant(조수)

사람의 맥락을 이해하고 주도적으로 도움을 주는 AI.

예: 퍼스널 AI, 자동 요약/정리/캘린더 통합 비서 등. 유저의 이전 대화, 일정, 선호도 등을 기억해 능동적 지원. 워크플로 자동화와 연결되기 시작함.

3단계: AI Agent(에이전트)

인간 대신 외부 환경과 상호작용하는 실행 주체.

예: 자동 주문, 고객 상담 처리, 세일즈 대응, 코드 수정. 스스로 판단하고 API 호출 · 클릭 · 결제 등 행동을 수행. 목표 중심의 자율적 작업자로 기능함.

4단계: AI Organization(회사)

스스로 전략을 짜고 실행하는 AI 기반의 경제 주체.

예: 사람 없이 고객 응대, 제품 개발, 마케팅, 보고까지 처리.

투자 → 상품 개발 → 판매 → 수익화까지 가능. 인간은 설계자/감독자로만 참여, 나머지는 AI가 회사를 운영.

샘 올트먼은 이렇게 말했다.

한 사람이 직원 500명의 회사와 경쟁할 수 있고, 한 사람이 만든 회사를 1조 원 가치의 기업(유니콘)으로 만들 수 있는 세상이다.

에이전틱 AI 시대에 개인, 기업, 국가의 경쟁력은 경쟁자와 대비해 양적, 질적으로 얼마나 우수한 에이전트들을 보유하느냐에 달려 있다.

09
AI 디바이드와 롱테일 경제의 명암

AI 디바이드는 롱테일 2.0 경제의 이면으로, 기술 접근성과 활용 능력 격차가 불평등을 심화시킨다. 고숙련자와 선도국은 AI로 막대한 부가가치를 창출하지만, 뒤처진 이들은 일자리 · 기회가 줄어 양극화를 겪는다. AI 디바이드는 생산성 그 자체의 격차로 부, 지식, 디지털 디바이드를 증폭시킨다.

AI와 화장품?

AI 디바이드: 기회 격차와 양극화

디지털 디바이드(digital divide)는 정보 기술 접근성과 활용 능력의 차이에서 비롯된 격차를 뜻한다. AI 시대에 우리는 AI 디바이드(AI divide)를 마주하고 있다. 유네스코는 "AI의 급속한 발전이 새로운 디지털 격차를 낳고 있으며, 이를 AI 디바이드라고 부른다"고 지적한다. 즉, AI 기술에 대한 접근성과 활용 능력의 격차가 사회 · 경제적 불평등을 심화시킬 수 있다는 의미다. AI 디바이드는 생산성의 디바이드로, 단순한 정보 격차, 디지털 디바이드보다 더 심각하다.

롱테일 2.0 경제에서도 AI 디바이드는 개인과 조직의 미래 명암을 가르는 중요한 요인이다. AI의 도움으로 생산성과 창의력이 향상되고 새로운 시장 기회가 생긴다는 것을 앞에서 논의했다. 하지만 그 혜택이 모든 사람과 조직에 골고루 돌아가지는 않는다. AI를 잘 활용하는 집단과 그렇지 못한 집단 사이에 엄청난 격차가 벌어질 수 있다. 예를 들어 기업 중에서도 대기업은 막대한 데이터와 인재를 투입해 AI를 적극 도입하지만, 중소기업이나 개발도상국 기업은 그럴 여력이 없다. 그 결과 생산성 격차가 벌어져 시장 경쟁에서 뒤처지게 된다. 노동자 개개인도 마찬가지다. AI 툴을 활용해 업무 효율을 높이고 새로운 능력을 습득하는 사람은 높은 임금과 좋은 일자리를 얻겠지만, AI에 접근하지 못하거나 배우지 못한 사람은 상대적으로 가치가 떨어진다. 미국에서 최근 보고된 바에 따르면, 고숙련 노동자가 AI를 활용하면 더 높은 성과를 내고 임금이 오르는 반면, 저숙련 노동자는 AI 대체로 일자리 자체가 줄어드는 경향이 있다. 이렇게 능력과 임금의 양극화가 심화되는 것이다. 최근 메타에서는 최상급 AI 인재들의 연봉을 1억 달러 수준으로 채용하고 있다. 프로스포츠 슈퍼스타의 연봉을 받는 젊은 천재들이 나오고 있다.

또한 국가 간 격차도 무시할 수 없다. AI 선도국들은 막대한 투자를 통해 언어 모델, 반도체, 로봇 등 핵심 기술을 독점하거나 선점하고 있다. 반면 저개발국은 AI 연구 역량도, 인프라도 부족하다. 그 결과 AI를 지배하는 나라와 종속되는 나라의 구도가 생길 수 있다. 유발 하라리(Yuval Harari)는 "AI 지배국들이 나머지 세계를 데이터 식민지로 전락시킬 위험"을 경고했다. 이는 경제뿐 아니라 지정학적 권력 불균형까지 초래할 수 있는 문제다. 롱테일 경제의 개념이 본래 다양한 플레이어의 참여를 전제로 하지만, AI 접근성의 차이가 그것을 제한한다면, 롱테일의 이상은 깨지고 신중앙집권화가 진행될 우려가 있다.

AI 디바이드는 사회 내부의 불평등도 키운다. AI 서비스 비용을 감당할 수 있는 개인은 교육, 의료, 정보 면에서 우위를 누리지만, 그렇지 못한 계층은 뒤처진다. 이미 고소득층은 개인 AI 비서를 구독하거나 AI 첨단 기기를 활용해 자녀 교육을 시키는 사례가 나타난다. 반면 저소득층은 기본 인터넷 접근조차 어려운 때도 있다. 이렇게 되면 부익부 빈익빈의 AI 버전이 펼쳐진다.

롱테일 2.0 경제는 극단적 풍요의 사회일 수도 있지만, 누구에게나 풍요로운 것은 아니다. AI 디바이드를 해소하지 않으면, 롱테일 경제의 밝은 면은 일부에게만 해당되고 어두운 면이 다수를 괴롭힐 수 있다. 포용적 성장을 위해서는 AI 교육 기회의 평등, 저렴한 AI 도구 보급, 중소기업 지원 정책 등이 필요하다. 기업 차원에서도 사내 AI 리터러시를 높여 직원들 모두가 새로운 도구를 활용할 수 있게 해야 한다. 정부는 AI 윤리와 규범도 정립해 기술 남용으로 특정 계층이 피해 보지 않도록 해야 한다. 예컨대 자동화로 일자리 잃은 이들을 위한 재교육, 전직 지원은 필수다. 노동 시장 유연 안전성(Flexicurity) 같은 개념도 다시 주목받는다. AI 리터러시를 높여, AI 문외한들을 AI를 활용할 수 있는 인력으로 전환시키는 일은 국가의 중대사다.

또 하나 우려되는 것은 데이터 편중에 따른 롱테일 사용자 소외다. 대형AI 모델들은 주로 영어, 중국어 등 데이터가 풍부한 언어와 지역에 최적화된다. 적은 언어 사용 인구나 비주류 문화에 대한 지원은 약할 수 있다. 아프리카 토착어 화자나 소수 문화권 사람들은 AI 서비스에서 소외되거나 품질 낮은 응답을 얻을 수 있다. 실제 연구에서 거대 언어모델이 저빈도 언어 사용자의 요구에는 오류와 차별적 결과를 더 낸다는 결과가 보고되었다. 따라서 AI 개발자들은 다양한 언어와 문화를 포괄하는 노력, 포용적 AI를 추구해야 한다. 그렇지 않으면 롱테일 경제는 문화적 다양성 측면에서 후퇴할 위험이 있다.

요약하면, 롱테일 2.0 경제의 명이 다양성과 풍요라면, 암은 그 혜택이 일부에게 치우칠 수 있다는 점이다. AI 디바이드는 새로운 부의 격차, 지식 격차를 만들 수 있고, 이는 사회 통합을 해칠 수 있다. 롱테일 경제의 건강한 발전을 위해서는 격차 해소와 안전망 구축이 필수적임을 인식해야 한다.

롱테일 경제의 밝은 면: 다양성과 창의성의 향연

이번에는 롱테일 경제의 밝은 면을 조명해 보자. 사실 이 책 전반에서 이야기한 많은 내용이 긍정적 전망에 속한다. 생성 AI로 인한 생산성 혁명, 맞춤형 상품과 서비스의 증대, 개인 창작과 소규모 생산자의 약진 등은 경제의 활력과 창의성 증가로 이어진다.

다양성은 롱테일 경제의 핵심 미덕이다. 대중은 천편일률적인 선택지 대신 무지갯빛 옵션을 갖게 된다. 취향의 존중, 소수자의 목소리, 지역적 특색 등이 경제 곳곳에서 빛을 낸다. 예를 들어 과거 대형 출판사들이 외면했던 매니악한 주제의 책들도 이제는 전자출판이나 자비출판으로 나와서 소수 독자를 만난다. 생성 AI는 이런 책을 쓰고 편집하는 데도 도움을 주니, 더욱 많은 이야기가 세상에 나올 수 있다. 음악도 마찬가지다. 메인스트림 K팝이 아니어도, 10대들이 AI로 만든 실험적 음악이 전 세계 팬덤을 모을 수 있다. 실제로 AI로 목소리를 변조한 버추얼 가수들이 활약하고, 팬들은 다양한 장르의 UGC 음악을 소비하는 모습이 나타나고 있다. 이는 문화의 롱테일이 풍성해지는 사례다.

창의성 역시 롱테일 경제의 꽃이다. 생성 AI가 인간의 창의성을 키워 주기 때문이다. 디지털 아트 커뮤니티를 보면, AI 도구를 활용해 전에 없던 스타일을 창조하거나 서로의 프롬프트를 발전시켜 새 기법을 만드는 등 창작의 협업과 변주가 활발히 일어난다. 누구나 창작에 참여하니 천재 한 명이 아니라 보통 사람 수만 명의 아이디어가 경쟁하고 융합한다. 말 그대로 창의성의 향연이다.

포용성과 접근성 측면에서도 밝은 면이 있다. AI가 복잡한 기술이나 전문 지식을 대중에게도 활용할 수 있게 해 주므로, 많은 사람이 새로운 분야에 도전할 수 있다. 장애가 있는 사람도 AI 보조로 작업 능력을 높여 일할 수 있고, 교육 수준이 낮더라도 AI 튜터를 통해 평생학습이 가능하다. 이렇게 더 많은 사람이 경제 활동에 참여할 수 있게 되면, 전체적으로 사회적 포용이 증진된다. 롱테일은 수요뿐 아니라 인적 자원의 롱테일도 의미한다. 과거에는 주류 스펙을 갖춘 소수만 핵심 인력이었다면, 미래에는 다양한 배경의 인력이 AI를 무기로 제 역할을 할 수 있다. 예를 들어 비엔지니어 출신 창업자도 AI 자동 코딩으로 기술 스타트업을 일으킬 수 있다면, 창업자의 다양성이 증대될 것이다.

소비자 측면에서도 밝은 면은 크다. 소비자는 자신의 개성을 표현하고 충족할 수 있어 삶의 만족도가 올라간다. 내 취향에 꼭 맞는 상품을 찾는 즐거움, 세계 어딘가 나와 똑같은 취향을 가진 사람들과 커뮤니티로 연결되는 즐거움이 있다. 또한 경쟁과 다양성 증가로 가격 경쟁력도 좋아져서 소비자는 더 저렴하게 원하는 것을 얻을 수 있다. AI 자동화로 절감된 비용이 가격 인하로 이어지면, 이는 소비자 후생 증가다. 롱테일 경제는 고객 경험 중심이므로, 결국 개개인의 삶의 질 향상과 연결된다.

요약하면, 롱테일 2.0 경제의 밝은 면은 다양성, 창의성, 포용성, 회복탄력성, 소비자 행복 등으로 요약할 수 있다. 이것들은 미래 경제가 지향해야 할 가치이기도 하다. 생성 AI는 이러한 긍정 요소들을 증폭하는 촉매제가 될 잠재력이 충분하다. 생산성의 혁명적 증대는 우리를 단순 반복적인 지식노동에서 해방시켜 줄 것이다.

참고문헌

김주완(2025.7.25). "1371억 줄게" 연봉 쇼크… 채용시장 발칵 뒤집어놓은 직업. 한국경제.
https://www.hankyung.com/article/202507240764i

유진아(2025.1.1). '더 쓰려면 돈 내세요'… 기업·국가까지 덮친 'AI 디바이드'. 디지털타임스.
https://www.dt.co.kr/contents.html?article_no=2025010202100331092001

10
다가온 미래

대한민국은 국민들의 세계적 AI 수용성을 바탕으로 신성장에 도전해야 한다. 지방 소멸, 저성장 위기도 AI 협업으로 문제 해결의 열쇠를 찾을 수 있다. 생산성 혁명과 롱테일 2.0 트렌드는 광고 · 홍보 혁신을 이끌고, 벤처 정신과 AI 활용 역량이 국가와 기업의 경쟁력을 결정한다. 지역에 AI 기반 일자리가 만들어지고, 관광 · 문화 콘텐츠가 다국어로 자동으로 배포되어, 지역에도 해외 관광객이 넘치는 미래를 그려 본다.

종교와 AI?

국가

AI 경쟁력이 향후 국가 경쟁력이 된다는 가설에 이견이 없다. 대한민국의 경쟁력은 앞으로 국민들의 AI 리터러시를 어떻게 높이는가에 달려 있다. 대한민국은 챗GPT 유료 구독자 수가 미국에 이어 2위에 해당한다. AI의 활용 면에서는 정말 고무적인 수치다. 우리나라의 높은 기술 수용성에 우리는 주목할 필요가 있다. 전 세계에서 가장 빠른 속도로 AI와 친숙해지고 있는 우리 국민이다. 대단한 희망이고, 미래다. 국민들의 AI 수용성이 높은 이 시점은 우리의 기업들이 세계적인 서비스를 만들 수 있는 절호의 찬스다.

2025년 현재 우리나라는 불경기, 투자 혹한기, 저성장, 내수 침체, 지역 소멸, 소상공인 폐업 확대 등 경제 위기에 놓여 있다. 국민의 AI 수용성은 대단히 높은데, 챗GPT 출현 이후 3년이 다 되도록 대한민국 기업들이 AI로 이루어 낸 혁신은 무엇인가? 어떤 대표 기업들이 생겼는가? 인터넷 시대에 다음, 네이버가 생기고 모바일 시대에 카카오, 플랫폼 시대에 배민, 야놀자 등이 등장했는데, AI 시대에 어떤 혁신들과 신성(新星), 유니콘 기업들이 나타났는가? 이럴 때일수록 벤처 정신이 필요하다. 창업가들은 큰 비전을 세우고, 투자자들은 창업가 정신에 투자하고, 국가는 AI 경제 대국을 만드는 데 총력을 기울여야 한다. 근미래에 국가의 경쟁력은 각 분야에 양질의 AI 에이전트들을 얼마나 가지고 있느냐에 의해 결정될 것이다. 그들이 우리의 정치, 경제, 사회, 문화, 교육, 국방을 도와주고 심지어 자동화를 해 나갈 것이다. AI 대국이 되기 위해서 국민들의 AI 리터러시를 높이는 일에 진력해야 한다. 글자 문맹을 퇴치하는 수준의 강도와 수위로 AI 문맹을 퇴치해 나가야 한다.

개인, 경험공학

생성 AI, 롱테일 2.0 시대에 개인에게 요구되는 가장 중요한 역량은 무엇일까? "해 봤어?"라는 대한민국 기업사에서 가장 유명한 발언, 정주영 회장의 철학이 더욱 빛을 발한다. 수많은 롱테일 AI 에이전트를 손쉽게 사용할 수 있으니, 다양한 작업을 시켜 보는, '해 보는' 정신이 필요하다. 프롬프트 엔지니어링이 '경험공학(Engineering of experience)'으로 표현되는 것처럼, 경험이 중요하다. 소프트뱅크월드 2025에서 손정의 회장은 '직원 한 명당 1,000개의 AI 에이전트를 부하처럼 활용해, 직원이 마치 천 개의 눈과 손을 가진 슈퍼휴먼으로 진화할 수 있다'고 언급했다.

AI 에이전트 1,000개를 자유자재로 활용하는 개인과 그렇지 못한 개인 사이에서 생산성의 엄청난 차이는 자명하다. 개인 입장에서 AI 리터러시를 높이는 일은 앞으로 올 시대에 글자 그대로 '글을 읽고 이해하는 능력'의 중요함에 비견될 능력이 될 것이다. 지금 당장 AI 툴에 질문을 해 보자.

> 직업 세계에서 개인의 역량을 100이라는 기준으로 볼 때 앞으로 5년, 10년 그리고 30년 후에 AI 리터러시와 활용 능력의 비중을 알려 주고, 그 근거를 제시해 줘.

GPT-4o의 대답을 요약하면 현재 15~20%, 5년 후 35~45%, 10년 후 55~65%, 30년 후 70~85%로 30년 후는 "대부분의 업무가 AI 기반, 인간은 전략 · 창의 · 감정 중심 역할"이라는 근거를 제시한다.

다가올 세상에서 AI를 활용할 수 없다면 문맹에 가까운 불편함과 빈곤함을 맞이하게 될 것이다.

지역 문제 해결

지방 소멸 문제가 심각하다. 한국고용정보원에 따르면 올해 3월 기준 전국 228개 시 · 군 · 구 가운데 소멸 위험

지역은 130곳(57%)에 이른다. 전기에 비견되는 AI라는 파괴적 범용 기술로 이 문제를 해결하거나 완화할 수는 없을까?

지방 소멸 문제를 해결하는 가장 지속 가능한 해법은 양질의 일자리를 만드는 일이다. 이 문제에 대해 정부, 지자체, 대학, 기업이 협업을 해야 풀릴 수 있다. 이 문제를 AI로 적극적으로 풀어 보자는 제안이다.

군산을 예로 들면 군산에 있는 5개 대학(군산대, 군산간호대, 군장대, 호원대, 서해대) 와 AI 협업 과정을 만들어서 AI 리터러시가 높은 인재를 양성한다. 시에 있는 스타트업 육성 시설에 위치한 AI 기업에 취업해서 군산의 관광지, 펜션, 음식점, 카페에 대한 홍보, 군산의 역사, 문화 관련 숏폼 제작, 군산의 축제에 대한 홍보를 롱테일로 제작한다. 연령별, 성별, 관심사별로 다른 콘텐츠를 만들고, 특히 다국어 버전으로 100개국 이상의 언어로 제작한다.

놀라운 생산성 그리고 한계 비용 제로의 롱테일 경제의 모습이다. 이러한 작업이 원활하게 진행되면 지역에서 졸업한 학생들에게 지역의 양질 일자리를 만들어서 도움이 되고, 지역에 많은 관광객, 특히 외국인 관광객이 올 수 있게 되어 지역 경제도 활성화될 것이다.

직원 100명과 직원들이 관리하는 각 에이전트 1,000개 정도면 군산 홍보팀 AI 에이전트 100,000개가 밤낮없이 군산을 홍보한다. 지역의 대학도 좋아지고, 일자리 창출이 되고, 군산을 방문하는 해외 관광객이 많아져서 지역 경제 활성화에도 기여한다.

우리나라와 관광객 유치 경쟁을 하는 나라가 수백만 AI 홍보 에이전트로 중무장을 하고 전세계 플랫폼에 자국 관광지 홍보를 하게 된다면 이것은 총성없는 전쟁이 될 것이다.

롱테일 2.0 광고, 홍보

생산성 혁명, 롱테일 2.0 트랜드에 광고는 어떻게 바뀔까? 생산성 혁명을 통해 광고 컨텐츠를 만드는 비용이 제로에 가까워진다. 한계 비용이 제로에 가까워지기 때문에 매우 얇고 긴 꼬리의 광고들이 나오게 될 것이다. 상품을 광고할 때 수험생, 운전기사, 주부, 회사원, 남녀노소, 내국인, 외국인을 대상으로 각각 광고를 만들고 골프장, 산, 바다, 강가, 낚시터, 운동장 등 장소별로도 제작할 수 있다. 또한 텍스트, 이미지, 음악, 사운드, 영상 등 모달별로도 세분화가 가능하다. 무엇보다도 다국어로도 세분화한 광고가 가능하다.

우리나라 해운대에 대한 홍보물을 아래와 같이 세분화할 수 있다. "멕시코의 대표 시인인 옥타비오 파스의 시의 느낌으로 가사를 뽑고, 비센테 페르난데스의 노래의 느낌으로 노래를 만들어, 프리다 칼로의 그림 톤으로 그림을 여러 장 그려서, 알폰소 쿠아론의 영화 같은 동영상을 1분 이내로 만들어 줘. 그리고 세대를 10개로 분류해서 각 세대에 맞게 작업해 줘"라는 프롬프팅을 수행할 수 있는 날이 머지않았다.

그러면 세상에 단 한 번도 유사한 방식으로 제작되지 않았고, 존재하지도 않았던 유니크한 해운대 홍보물을 만들 수 있다. 이 영상을 멕시코 국민을 타기팅해 유튜브, 틱톡, 인스타그램, 페이스북에 올리면 어떤 반응이 올까?

반대로 멕시코의 칸쿤을 '김소월 느낌의 가사를 만들어서, 조용필풍의 노래를 만들고, 이중섭의 화풍으로, 박찬욱의 스타일'로 만든 숏폼을 우리가 우연히 접하면 어떤 느낌일까? 빨리 해 보고 싶다.

인간만이 할 수 있는 일

AI가 파트너로, 에이전트로, 비서로 엄청난 교양과 생산성으로 무장을 하고 수없이 분화된 다양한 분야에서 인간을 돕고, 대체하고 있다. 생성 AI와 함께 공존해야 할 이 시기에 우리에게 필요한 역량은 무엇일까?

AI와 효율적, 효과적으로 일을 하는 데 크게 세 가지 능력이 필요하다. 첫째로 문제를 정의하는 능력, 둘째로 그 문제를 AI가 해결하도록 질문하는 능력, 셋째로 AI의 산출물을 평가하고 수정 지시를 내릴 수 있는 능력이다.

특히 문제를 정의할 수 있는 능력이 가장 중요하다. 인간의 문제는 인간이 더 잘 정의할 수 있다. 문제를 정의하고 제기하는 능력, 그것이 AI 활용의 출발점이다. 인간만이 가질 수 있는 고유한 능력이다. "당신이 해결하고 싶은 문제는 무엇입니까?" 여기서 출발해 보자.

미아라는 표현으로 책을 시작했다. 분명한 건, 역사상 한 번도 없었던 속도와 양상으로 새로운 길이 생기고 있다. 숨 가쁘다. 벅차다. 피로하다. 설렌다. 새로운 길은 그 종착지를 알 수 없기에, 있던 길이 아니기에, 잃어버린 길이 아닐 수도 있다. 이 새로운 시대에는 어쩌면 새로운 길을 걸으며 새로운 문제를 정의하며, 경험하며, 도전하고, 응전하는 것이 생존의 해법이 될 것이다. 두려움 없이 도전하는 자들의 세상이다. 생산성, 롱테일 2.0의 눈금으로 된 나침반을 잘 활용한다면, 무언가 하고 싶은 열망이 가득한 사람들의 세상이다. 우리가 미아로 시작할지 몰라도 마침내 신대륙을 발견하는 탐험가, 정복자로 끝날 수도 있는 여정이다. Force be with you.

참고문헌

김지영(2025.7.16). 손정의 회장 "사람 프로그래밍 시대 끝…직원들 AI 부하 10억개 활용". 대덕넷.
https://www.hellodd.com/news/articleView.html?idxno=108558

배현정(2024.10.11). "지방 소멸까지 30년…메가시티 3개만 남는다". 중앙선데이. https://www.joongang.co.kr/article/25283705

정호준(2025.5.26). '챗GPT' 오픈AI 韓법인 설립 "한국 유료구독자 전세계 2위". 매일경제.
https://www.mk.co.kr/news/it/11326951

안성민

AI 스타트업 AI오투오(www.o2o.kr)의 대표다. 서강대학교 경제학과를 나왔다. 이론보다는 실전에서 AI를 경험했다. 세계 최초 AI 셋톱박스 기가지니를 납품했다. AI 음성 앱을 전 세계에서 가장 많이 만들었다. AI VOD 추천 솔루션을 국내 대기업에 납품했다. 협상 AI를 국내 최대 통신 그룹사와 개발 상용화하고 있다. AI 마케팅 자동화 솔루션을 거대 보험사 그리고 소상공인용으로 확대하고 있다. AI 혁명이 뜨겁고 반갑다. '이룰 수 없는 꿈을 꾸고, 이루어질 수 없는 사랑을 하고, 견딜 수 없는 고통을 견디며, 싸워 이길 수 없는 적과 싸움을 하고, 잡을 수 없는 저 하늘의 별을 잡자'라는 문장을 좋아한다.